Lydia Hauenschild

UNDER CONSTRUCTION

Das Aufklärungsbuch für Mädchen

arsEdition

INHALT

Vom Mädchen zur Frau

ERWACHSENWERDEN IST NICHT LEICHT

Wenn du beginnst, dich für die Themen Liebe und Sexualität zu interessieren, und darüber mehr erfahren möchtest, bist du wahrscheinlich schon mittendrin im »Erwachsenwerden«. Diese Phase in deinem Leben ist nicht nur unglaublich spannend, sie kann auch ziemlich anstrengend sein. Denn die Pubertät ist eine Zeit des Umbruchs – für deinen Körper und deine Gefühle. Was dich heute noch nicht interessiert, kann schon morgen für dich wichtig werden.

Was heißt »Pubertät« eigentlich?

Der Begriff kommt vom lateinischen »pubertas«. Er steht für die »beginnende Geschlechtsreife«. Du entwickelst dich nun vom Mädchen zur jungen Frau. Die Geschlechtsorgane, die bei jedem Menschen von Geburt an vorhanden sind, beginnen zu wachsen, damit du später Kinder bekommen kannst.

Wie fühlt es sich an, eine Frau zu werden?

Als Kind hast du über deinen Körper nicht nachgedacht. Er war da und du bist einfach gewachsen. In der Pubertät merkst du nun aber, wie du dich veränderst. Busen, Scham- und Achselhaare sprießen, deine Hüften werden runder und schließlich bekommst du jeden Monat deine »Tage«. Du fühlst dich wie eine Baustelle, an allen Ecken wird gearbeitet. Doch am Ende dieser Entwicklung – vielleicht der wichtigsten im Leben – kannst du zufrieden und stolz in den Spiegel schauen.

Wie lange dauert die Pubertät?

Wann die Pubertät beginnt, ist von Mädchen zu Mädchen verschieden. Manche bekommen schon mit neun Jahren ihre erste Periode, andere erst mit 16 Jahren. Deshalb gilt nur im Durchschnitt, dass die Zeit der Pubertät mit etwa zehn Jahren beginnt und mit 12 bis 14 Jahren mit der ersten Monatsblutung endet.

Geschlechtsreif – aber nicht erwachsen

Als Mädchen kannst du also schon sehr jung geschlechtsreif sein. Doch damit bist du noch lange nicht erwachsen. Laut Gesetz ist jeder bis zum 14. Geburtstag ein Kind. Und erst mit 18 Jahren bist du volljährig. Bis dahin verändert sich dein Körper weiter relativ stark, vor allem auch im Gehirn. Diese lange Zeit des Erwachsenwerdens heißt »Adoleszenz«.

Dein Interesse an Sexualität erwacht

Mädchen, die schon mit zehn Jahren regelmäßig ihre Periode bekommen – und damit geschlechtsreif sind –, haben meistens noch gar kein Interesse an »Sex« und allem, was damit zu tun hat. Diese Gefühle erwachen erst allmählich. Zuerst werden Jungs wichtig und Träume von romantischer Liebe mit Küssen und Kuscheln. Dann folgt Monate oder sogar Jahre später das Verlangen nach Geschlechtsverkehr. Und noch viel später kreisen die Gedanken vielleicht um eine mögliche Schwangerschaft. Das alles passiert in deinem ganz persönlichen Tempo und ist deine ganz persönliche Sache. Lass dich dabei von niemandem hetzen.

SELTSAME GEFÜHLE

Am liebsten möchte wohl jedes Mädchen absolut cool durchs Leben schlendern. Und manchmal gelingt es sogar, für einen Tag oder ein paar Stunden. Doch dann fühlst du dich wieder entsetzlich unsicher – und weißt selbst nicht, was mit dir los ist.

Deine Unbefangenheit geht verloren

Die Jahre der Adoleszenz sind die erste Zeit in deinem Leben, in der du deine Entwicklung ganz bewusst wahrnimmst. Je mehr sich dein Körper nun sichtbar verändert, umso mehr grübelst du darüber nach, was andere von dir halten. Dein Denken kreist also viel um dich selbst. Viele Fragen beschäftigen dich: Finden mich andere wohl hübsch? Was denken die Jungs von mir? Mögen sie mein Lachen und lädt mich bald jemand ins Kino ein?

Dein Feind – der Spiegel

Du schaust in den Spiegel – und bist selten glücklich mit dem Menschen, der da zurückschaut. Mit diesem Problem bist du aber nicht alleine. Die meisten Mädchen fühlen sich in ihrem Körper nicht wohl und denken sogar, sie seien hässlich. Am häufigsten vergleichen sie sich dabei mit ihren Freundinnen oder Stars aus den Medien. Und fast jedes Mädchen wünscht sich heiß und innig, jemand ganz anderes zu sein.

FAKT

Sich mit Stars zu vergleichen, ist keine gute Idee. Sie sind oft extrem gestylt, und fast jedes Foto wird technisch bearbeitet, bis alles perfekt aussieht. Mit dem echten Leben hat das nicht viel zu tun. Wetteifere ihnen also besser nicht nach. Bleib am besten du selbst.

Lachen und Weinen

Jeder Mensch hat mal bessere und mal schlechtere Laune. Doch auf deinem Weg zur Frau schwankt deine Stimmung stärker, als du es bisher kanntest. Du bist empfindlich, gereizt, niedergeschlagen und traurig. Und dann wieder lustig und voller Tatendrang. Lachen, Weinen, Liebe, Hass, Selbstvertrauen und Selbstzweifel liegen bei dir jetzt nahe beieinander. Außerdem bist du oft »verpeilt« und leider ziemlich vergesslich.

Baustelle im Kopf

Vielleicht tröstet es dich, dass du für dieses seltsame Verhalten kaum etwas kannst. »Schuld« ist dein Gehirn. Darin reifen jetzt die Bereiche am schnellsten, die deine Gefühle »herstellen«: also Wut, Neugier, Trauer, Lust und Liebe. Andere Bereiche im Hirn, mit denen du diese Gefühle kontrollieren kannst, reifen dagegen deutlich langsamer. In dir entstehen also starke Gefühle wie Ekel oder Verlangen – aber du hast sie noch nicht richtig im Griff.

Gefährliche Zeiten

Das Kontrollzentrum des Gehirns ist erst mit etwa 20 Jahren voll ausgereift. Deshalb ist dein Leben als Teenager besonders gefährdet. Du lässt dich leicht auf »Blödsinn« ein – gerade auch beim Sex, der ja stark von Gefühlen abhängt. Dann schläfst du zum Beispiel Hals über Kopf mit einem Jungen, ohne zu verhüten. Aber: Jetzt weißt du über das Chaos in deinem Kopf ja Bescheid. Und es gelingt dir bestimmt, Verantwortung für dich zu übernehmen und vernünftig zu handeln ;-)

GEHEIMNISSE SIND JETZT NORMAL

Nicht nur für dich ist die Zeit, in der du dich vom Mädchen zur Frau entwickelst, kompliziert. Auch deine Eltern fühlen sich davon oft überfordert. Eine der großen Veränderungen ist für sie das Aufblühen deiner Sexualität.

Arme Väter

Für Mütter ist es häufig nicht so schwierig, mit dem Erwachsenwerden ihrer Töchter zurechtzukommen. Schließlich waren sie selbst einmal jung und können sich gut an alles erinnern. Väter haben dagegen nie einen Busen bekommen und auch keine Monatsblutung. Sie verstehen nicht wirklich, wie aus ihren niedlichen »Prinzessinnen« nun anmutige »Königinnen« werden. Und Papa spielt keine so große Rolle mehr.

Stolz und besorgt

Natürlich ist dein Vater stolz, dass du allmählich zur Frau heranreifst. Aber er wird auch nervös, weil du dich immer mehr für Jungs interessierst. Und was für ihn am schlimmsten ist – die Jungs interessieren sich auch für dich! Da dein Vater auch einmal ein Junge war, weiß er, was von dieser Seite an Verletzungen und Enttäuschungen auf dich zukommen kann. Davor würde er dich gerne bewahren. Nur wie?

Locker bleiben fällt nicht leicht

So erfahren sie auch sind: Den meisten Eltern fällt es nicht leicht, mit ihren Kindern ganz selbstverständlich über alles, was mit Liebe und Sexualität zu tun hat, zu sprechen. Auch wenn das Thema in den Medien allgegenwärtig ist – in der Familie versuchen sich viele davor zu drücken.

»Wo hast du dich herumgetrieben?«

Eltern nerven Jugendliche. Ständig mischen sie sich ein, verbieten Dinge und wollen immer alles wissen. Ihre Sprüche sind aber meistens anders gemeint, als du denkst. »Wo warst du so lange?«, heißt zum Beispiel: »Die Welt da draußen ist voller Gefahren. Wir haben uns Sorgen um dich gemacht!«

FAKT

Fragen und Verbote sind die (unbeholfene) Art deiner Eltern, dir zu zeigen, dass sie dich lieben und schützen wollen. Am liebsten für immer.

Du nabelst dich ab

Du dagegen möchtest nun zu Hause nicht mehr alles erzählen, was du erlebst. Stück für Stück nabelst du dich ab und willst selbst entscheiden, was du mit wem tust oder lässt – vor allem natürlich auch im Bereich der Sexualität. Gerade hier reagierst du empfindlich. Du bist gegen alles, was deine Eltern dir raten, selbst wenn du ahnst, dass sie recht haben.

Kontrolle ist gut – Vertrauen ist besser

Wer erwachsen wird, möchte von den Eltern mehr Freiheiten bekommen. Das klappt am besten, wenn du dich so verhältst, dass sie dir vertrauen können. Beachte eure Regeln: Wenn du um 22 Uhr zu Hause sein sollst, sei absolut pünktlich. Und wenn es aus einem wichtigen Grund doch später werden sollte – rufe sofort an und gib Bescheid. Je mehr und je öfter du dir auf diese Weise das Vertrauen deiner Eltern erarbeitest, desto entspannter können sie im Umgang mit dir werden. Deine Zuverlässigkeit lohnt sich also.

DER TANZ DER HORMONE

Es gibt Mädchen, die am liebsten immer ein Kind bleiben wollen. Sie finden die Veränderungen ihres Körpers während der Pubertät einfach nur schrecklich. Doch irgendwann beginnt die sexuelle Reifung – und lässt sich nicht mehr aufhalten.

Wer gibt den Startschuss?

Die Steuerzentrale für die Geschlechtsreife sitzt im Gehirn, und zwar in der Hirnanhangsdrüse (lateinisch: Hypophyse). Irgendwann am Ende der Grundschulzeit – wann genau, ist von Kind zu Kind verschieden – entscheidet diese Stelle, dass es nun Zeit ist, die Geschlechtsorgane »aufzuwecken« und wachsen zu lassen. Dabei helfen viele verschiedene Hormone.

Nachrichten des Körpers

Hormone sind winzige chemische Botenstoffe, die im Körper viele verschiedene Aufgaben erfüllen. Sie werden von Drüsen im Gehirn und in anderen Organen hergestellt. Von dort werden die Hormone über das Blut zu den Orten gespült, wo sie gebraucht werden und ihre Nachrichten überbringen sollen. Die einzelnen Hormone des Körpers arbeiten miteinander und beeinflussen sich gegenseitig.

Deine sexuelle Entwicklung

Zum Start der Pubertät beginnt eine kleine Region des Gehirns – der Hypothalamus, – Freisetzungshormone herzustellen. Sie befehlen der Hirnanhangsdrüse, zwei verschiedene Geschlechtshormone zu bilden. Diese heißen FSH und LH, schwimmen mit dem Blut zu den Eierstöcken und regen sie an, selbst Hormone zu bilden – vor allem Östrogene.

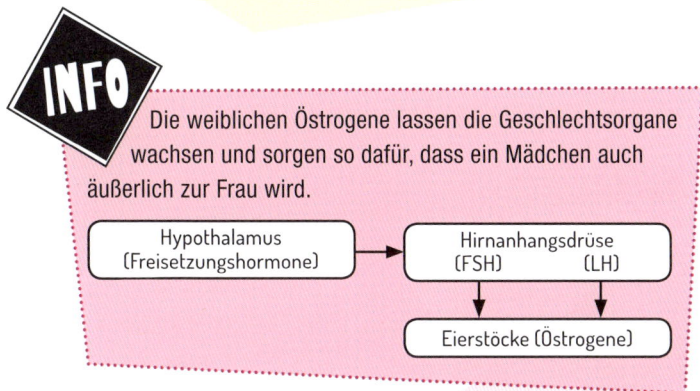

INFO

Die weiblichen Östrogene lassen die Geschlechtsorgane wachsen und sorgen so dafür, dass ein Mädchen auch äußerlich zur Frau wird.

Hypothalamus (Freisetzungshormone)	→	Hirnanhangsdrüse (FSH) (LH)

Eierstöcke (Östrogene)

Erst die Übung macht den Meister

Zu Beginn der Geschlechtsreife funktioniert das Zusammenspiel der vielen Hormone im Körper noch nicht so gut. Auch aus diesem Grund fühlst du dich während der Pubertät oft unwohl und hast schlechte Laune. Denn Hormone beeinflussen auch dein seelisches Gleichgewicht.

DIE WEIBLICHEN GESCHLECHTSMERKMALE

Während der Pubertät entwickeln sich unter dem Einfluss der Sexualhormone die Geschlechtsmerkmale. Jeder Körper besitzt primäre (lateinisch für »erste«), sekundäre (zweite) und tertiäre (dritte) Geschlechtsmerkmale.

① Primäre Geschlechtsmerkmale

sind schon beim Baby vorhanden. Diese zur Fortpflanzung unbedingt notwendigen Organe heißen beim Mädchen: Scheide, Gebärmutter, Eierstöcke und Eileiter.

② Sekundäre Geschlechtsmerkmale

zeigen sich erst mit dem Beginn der Pubertät. Beim Mädchen sind das: die Brüste, Haare im Bereich der Scham und ein breites Hüftbecken (für eine spätere Schwangerschaft und Entbindung).

③ Tertiäre Geschlechtsmerkmale

sind die Unterschiede im Körperbau erwachsener Frauen und Männer. Frauen sind zum Beispiel – im Durchschnitt – kleiner als Männer und haben weniger Muskeln.

Auch dein Schweißgeruch ändert sich

Der Geruch von Schweiß ist kein Geschlechtsmerkmal. Aber auch er verändert sich in der Pubertät, denn er enthält bei dir nun zusätzlich weibliche Sexuallockstoffe. Das ist ein ganz besonderer Duft, der auf geheimnisvolle Weise Jungs anlockt – und so seit Jahrmillionen sichert, dass Kinder geboren werden.

Immer dieselbe Reihenfolge

Im Durchschnitt beginnt die Geschlechtsreife beim Mädchen mit etwa zehn bis elf Jahren. Doch egal, wie alt du bist, wenn die Sexualhormone in deinem Körper die Pubertät starten lassen: Die Reihenfolge dieser Entwicklung ist immer gleich.

So läuft die Entwicklung ab

Alter	Entwicklung
10 – 11	beginnendes Wachstum der Brüste (lat.: Thelarche)
	Erscheinen der Schambehaarung (lat.: Pubarche)
11 – 12	schnelles Wachsen der inneren Geschlechtsorgane
12 – 13	erste Regelblutung (lat.: Menarche)
	Zyklen ohne Eisprung
	Achselbehaarung
13 – 15	regelmäßiger Eisprung
	Erreichen der Geschlechtsreife
16 – 17	Ende des Skelettwachstums

INFO

Die Scham- und Achselhaare bezeichnet man als Sekundärbehaarung. Auf ihnen verteilt sich der Sexuallockstoff aus den Schweißdrüsen besonders intensiv.

ZUERST WACHSEN DIE BRÜSTE

Die weiblichen Brüste gehören zwar zu den sekundären Geschlechtsmerkmalen – doch ihr Anschwellen ist die erste Veränderung, die du an dir zu Beginn der Pubertät bemerkst. Wachsende Brüste sind sehr empfindlich. Sie spannen und schmerzen schon bei leichten Berührungen.

So entwickelt sich die Brust

Zuerst richten sich die Brustwarzen auf. Sie wölben sich nach außen und werden dunkler. Dann beginnt der Busen zu wachsen. Normalerweise entwickelt sich die linke Brust dabei schneller als die rechte. Um den zwanzigsten Geburtstag herum sind dann beide Brüste annähernd gleich groß – völlig identisch sind sie aber fast nie. Im Laufe des Lebens verändert sich der Busen langsam weiter, er kann größer und runder werden, vor allem während einer Schwangerschaft.

Wie groß werden sie wohl?

Die Größe ihrer Brüste beschäftigt die meisten Mädchen. Werden sie klein bleiben? Oder zu groß werden? Welchen Busen du bekommst, hängt vom Gewebe ab, das sich in den Brüsten bildet. Die Veranlagung dazu wird vererbt und ist damit festgelegt. Die Größe und Form deines Busens kannst du also nicht beeinflussen – außer durch eine Operation. Und die ist nie ohne Risiko. Nur wenn du auch noch als Frau lange Zeit unter deiner Brustform leidest oder von einem schweren Busen sogar Rückenschmerzen bekommst, solltest du mit einem Frauenarzt oder einer Frauenärztin darüber sprechen.

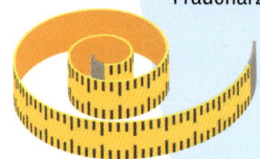

Warum wächst der Busen überhaupt?

Während der Pubertät reifst du zur Frau, die Kinder bekommen kann. In den Brüsten vergrößern sich deshalb die Milchdrüsen, in denen sich nach einer Geburt Muttermilch für den Säugling bildet. Kleine Busen sind dabei genauso »funktionstüchtig« wie große. Wenn das Baby älter wird und immer weniger an den Brüsten nuckelt, hört die Milchproduktion langsam wieder auf.

Besonders erregbar

Dass dein Busen empfindlich ist, hast du schon bemerkt. Diese Empfindlichkeit kommt von den vielen besonders feinen Nerven, die darin enden. Wenn eine Frau an der Brust berührt wird, kann sie dadurch sexuell erregt werden. Der Busen ist also auch ein Organ der Sexualität – wobei das Lustgefühl nicht von der Größe des Busens abhängt.

Blicke und Sprüche

Männer finden weibliche Brüste spannend und gucken gerne hin. Solange Jungs sexuell unerfahren sind und sich selbst in ihrem Körper noch unwohl fühlen, verhalten sie sich aber oft kindisch und lästern über »Titten«. Mit diesen doofen Sprüchen locker umzugehen, fällt keinem Mädchen leicht.

TIPP Versuche so zu tun, als würdest du die Sprüche nicht hören. Dann laufen sie ins Leere. Und vielleicht fühlst du dich wohler, wenn du einen BH trägst? Elastische Bustiers schützen und stützen die Brüste, ohne sie zu betonen. Vielleicht tut es dir auch gut, mit deinen Freundinnen zu sprechen, die eventuell in derselben Lage sind wie du.

ÄUSSERE UND INNERE GESCHLECHTSORGANE

Gut geschützt in deinem Unterleib liegen seit der Geburt alle Geschlechtsorgane, die es dir ermöglichen, später einmal Mutter zu werden. Du hast sie nur nie bemerkt. Als Kind ist dir vermutlich nur aufgefallen, dass es angenehm sein kann, sich zwischen den Beinen zu berühren ...

Von außen nach innen

Von außen nach innen aufgezählt, besitzt du folgende weiblichen Geschlechtsteile:

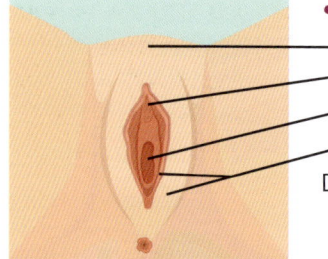

• Äußere Geschlechtsteile:
  Schamberg oder Venushügel (lateinisch: Mons pubis)
  Kitzler Klitoris)
  Scheideneingang
  äußere und innere Schamlippen
  Das alles wird zusammen »Vulva« genannt.

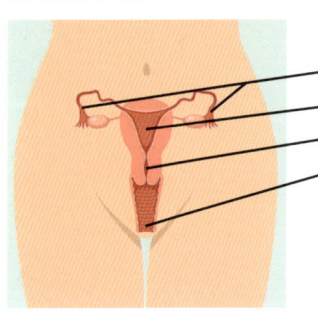

• Innere Geschlechtsteile:
  zwei Eileiter (Tuben) und zwei Eierstöcke (Ovarien)
  Gebärmutter (Uterus)
  Gebärmutterhals (Zervix)
  Scheide (Vagina)
  Das alles wird zusammen mit dem umgebenden Gewebe »Adnexe« genannt.

Der Sammelbegriff für alle inneren und äußeren Geschlechtsteile des Unterleibs heißt »Genitalien«.

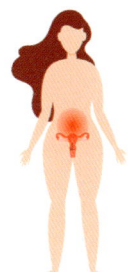

Venushügel

Die kleine Erhebung vorne – am unteren Ende des Rumpfes – besteht aus einem weichen, runden Fettpolster. Während der Pubertät sprießt darauf die Schambehaarung.

Äußere und innere Schamlippen

Im Schritt befinden sich die äußeren großen Schamlippen. Sie besitzen Schweiß- und Duftdrüsen und sind außen behaart. Die davon bedeckten inneren kleinen Schamlippen sind dagegen haarlos.

Kitzler

Er liegt ganz vorne in der Spalte zwischen den großen Schamlippen – und ist das sexuell empfindlichste weibliche Organ. Eine sanfte Massage dieser kleinen »Perle« kann bis zum Orgasmus führen.

Scheideneingang

Er liegt zwischen den kleinen Schamlippen, hinter der Klitoris und der Öffnung der Harnröhre. Bei Mädchen, die noch nie Sex hatten, befindet sich dort noch, etwas verborgen, eine feine Haut, das Jungfernhäutchen.

Scheide

Sie führt vom Scheideneingang wie eine Röhre in den Körper hinein. In der Wand der Scheide sitzen Drüsen. Sie sondern ein Sekret ab, das die Scheide beim Sex gleitfähig macht. Das Ende der Scheide führt zur Gebärmutter.

Gebärmutter

Sie liegt in der Mitte des Unterleibs und sieht aus wie eine kleine, hohle Birne. Dabei öffnet sich der schmale Teil zur Scheide hin. Diese Spitze wird Portio genannt. Sie schließt die Gebärmutter mit einer kleinen Öffnung zur Scheide hin ab (Muttermund).

Eileiter

Von der Gebärmutter gehen links und rechts die beiden Eileiter ab. Sie führen zu den Eierstöcken. An ihren Enden sitzt jeweils eine Art Trichter.

Eierstöcke

Am Ende der Eileiter liegt jeweils ein Eierstock. Diese haben selbst die Form von Eiern. Ihr Name kommt aber daher, dass sich in ihnen von Geburt an mehrere Hunderttausend unreife Eizellen befinden. Daraus können sich später zusammen mit männlichen Samenzellen Babys entwickeln.

DAS JUNGFERNHÄUTCHEN

Direkt im Eingang der Scheide liegt das Jungfernhäutchen (lateinisch: Hymen). Darüber wird unter Mädchen viel geredet – und auch viel Unsinn. Zum Beispiel fürchten manche Mädchen, das Zerreißen des Häutchens könnte sehr wehtun.

Was ist das Jungfernhäutchen?
Das Jungfernhäutchen ist ein zarter Saum aus elastischer Haut. Durch seine Lage am Scheideneingang schützt es die inneren Geschlechtsteile vor Infektionen. In der Mitte hat das Hymen eine kleine Öffnung. Daraus kann das Blut der Periode abfließen. Mit der Pubertät wird die Öffnung dehnbarer.

Kann ich Tampons verwenden?
Tampons passen problemlos durch die kleine Öffnung des intakten Jungfernhäutchens. Es kann allerdings passieren, dass das Hymen beim Einführen aus Versehen verletzt wird.

Was geschieht damit beim ersten Sex?
Das Jungfernhäutchen ist kein schwer zu durchdringendes Hindernis. Es wird beim ersten Geschlechtsverkehr durch den Penis auch nicht schmerzvoll zerfetzt und blutet ganze Bettlaken voll.

Das geschieht wirklich: Die dünne Haut reißt leicht ein. Meistens spürt es das Mädchen nicht einmal – und es blutet auch nur ganz leicht oder gar nicht. Vom Jungfernhäutchen bleibt nach dem Sex lediglich ein kleiner Saum am Rand der Scheide übrig.

Das Jungfernhäutchen muss beim ersten Sex nicht einmal unbedingt reißen. Manchmal gebärt sogar eine Frau mit intaktem Hymen ein Kind. Sie ist aber trotzdem keine Jungfrau mehr. Höchstens noch als »Sternzeichen«.

Verlust der »Unschuld«

Wenn ein Mädchen zum ersten Mal mit einem Jungen schläft, sagt man, es ist nicht mehr »unberührt« und verliert seine »Unschuld«. Die Mediziner nennen das »Defloration«.

In einigen Kulturen ist das Jungfernhäutchen unglaublich wichtig. Es gilt als entscheidender Beweis, dass eine junge Frau bis zur Ehe noch Jungfrau war. Wenn sie in der Hochzeitsnacht das Bettlaken mit Blut befleckt, liefert sie den Nachweis ihrer »Unschuld«.

Mädchen, die schon vor der Ehe Sex hatten, werden nicht selten auch heute noch in streng religiösen Familien körperlich bestraft und von ihnen verstoßen. Darum bieten manche Frauenärzte die Wiederherstellung des Jungfernhäutchens durch eine Operation an.

INFO

Eine von tausend Frauen wird ohne Hymen geboren. Außerdem kann das Jungfernhäutchen schon vor dem ersten Sex reißen, zum Beispiel beim Sport.

JEDEN MONAT BLUT IM SLIP

Nachdem die Brüste zu wachsen begonnen haben, gibt der Körper einige Monate später ein neues Zeichen, dass er erwachsen wird: Im Slip zeigt sich ein weißlicher Ausfluss – und darunter mischen sich immer öfter einige Blutströpfchen.

Woher kommt der helle Ausfluss?

Der Ausfluss kommt aus der Scheide. Er zeigt an, dass die inneren Geschlechtsorgane nun so weit entwickelt sind, dass sie mit ihrer wichtigen Arbeit beginnen können.

TIPP

Sobald du diesen Ausfluss bemerkst, kannst du den Slip durch dünne Einlagen davor schützen. Sie fallen nicht auf, lassen sich leicht wechseln und du fühlst dich immer frisch.

Die erste Monatsblutung

Die allererste Monatsblutung nennt man in der Medizin »Menarche«. Vom Anschwellen der Brüste bis zu dieser ersten richtigen Blutung vergehen in der Pubertät ungefähr zwei Jahre. Das Blut stammt aus der Gebärmutter. Manchmal enthält es kleine Gewebeklümpchen und ist auch nicht immer blutrot, sondern eher bräunlich.

INFO

Für die Monatsblutung gibt es verschiedene Begriffe. Doch egal, ob jemand Regel, die Tage, Periode oder Menstruation dazu sagt: gemeint ist immer die – von nun an – monatliche Blutung aus der Scheide.

Warum blute ich jetzt regelmäßig?

Sobald du geschlechtsreif bist, bildet sich an der Innenwand deiner Gebärmutter jeden Monat eine Schicht aus Blut. Diese Schleimhaut würde bei einer Schwangerschaft das Ungeborene mit Nahrung versorgen. Solange du nicht schwanger wirst, wird sie dagegen einmal im Monat abgestoßen und anschließend durch eine neue Schicht ersetzt.

Wie lange dauert eine Blutung?

Jedes Mädchen hat sein eigenes Tempo der Entwicklung – und es hat auch seine ganz persönliche Periode. Sie kann bei dir zum Beispiel nur zwei Tage dauern – und bei deiner Freundin immer über eine Woche. Das ist alles normal.

Die Tage deiner Blutung notierst du am besten im Kalender. So siehst du den Abstand zwischen den Blutungen und lernst bald abzuschätzen, wann die nächste Periode kommen wird.

Mehr oder weniger regelmäßig

Zu Beginn der Geschlechtsreife kommt die »Regel« noch nicht »regelmäßig«. Denn die Hormone in deinem Körper müssen erst üben, perfekt zusammenzuarbeiten. Nach etwa zwei bis drei Jahren klappt das aber ganz gut und allmählich liegen zwischen zwei Blutungen einigermaßen gleiche Abstände.

FAKT

Mädchen, die stark an Gewicht verlieren oder sehr schlank sind, bekommen manchmal keine Periode. Denn die Vorstufen einiger Geschlechtshormone werden im Fettgewebe gebildet. Auch Rauchen verzögert die Geschlechtsreife.

PMS – UND TROTZDEM GUTE TAGE

Während der Periode fühlen sich viele Mädchen schlapp und haben Kopfschmerzen. Oft kommen dazu Krämpfe im Unterleib. Denn die Gebärmutter zieht sich zusammen, um das alte Blut abzustoßen.

Doch selbst wenn es dir schwerfällt – vielleicht kannst du versuchen, das alles nicht so tragisch zu nehmen? »Deine Tage« sind gute Tage. Sie zeigen, dass die Geschlechtsorgane funktionieren. Und das ist ein echter Grund zur Freude ;-)

Die Tage vor den Tagen

In den Tagen vor der Blutung fühlen sich Mädchen oft am wenigsten wohl. Ihre Haare werden schneller fettig, die Brüste und der Bauch spannen, sie sind gereizt oder traurig und haben zu nichts Lust. Dieses Phänomen nennt man Prämenstruelles Syndrom – kurz PMS. Alle Gründe dafür kennt man noch nicht. Aber zum Glück ist es mit dem Beginn der Regel wieder vorbei.

TIPP

Bei Mädchen kommt PMS deutlich seltener vor als bei Frauen. Sollte es dich doch erwischen, hilft viel Bewegung an der frischen Luft – und einfach, locker damit umzugehen.

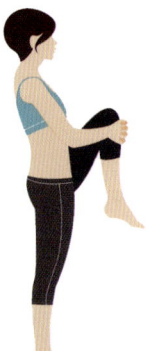

Das tut bei Krämpfen gut

- Ablenkung und Lachen. Triff dich mit deinen Freundinnen!
- Bewegung löst Krämpfe. Geh spazieren, treibe Sport.
- Eine Wärmflasche auf dem Bauch entspannt die Muskulatur.
- Kräutertee mit Schafgarbe oder Frauenmantel trinken.
- Und erst wenn gar nichts anderes hilft: In der Apotheke berät man dich gerne, welche Medikamente das Bauchweh lindern.

Wie viel Blut verliere ich?

Das Rot des Blutes sieht bedrohlich aus. Mädchen glauben deshalb oft, sie würden sich während der Periode müde fühlen, weil sie »so viel« Blut verlieren. Doch das täuscht. Deine Gebärmutter ist nicht einmal so groß wie eine Birne – wenn sich darin die dünne Blutschicht löst, fließt kaum mehr aus der Scheide, als in eine kleine Kaffeetasse passt.

Zum Vergleich: Im Körper einer Frau kreisen ungefähr fünf bis sechs Liter Blut. Beim Blutspenden wird davon ein halber Liter entnommen.

Binden oder Tampons?

Binden und Tampons gibt es in vielen verschiedenen Größen, von »Mini« bis »XXL«. Was du lieber verwendest, hängt davon ab, womit du besser klarkommst und dich wohler fühlst.

Binden werden einfach in den Slip eingelegt. Du siehst immer, wann sie gewechselt werden müssen. Sobald Blut an die Luft kommt, fängt es allerdings an, unangenehm zu riechen. Deshalb gibt es Binden, die den Geruch etwas »einschließen«.

Tampons werden in die Scheide geschoben und saugen sich dort voll. Von außen ist nur ein dünner Faden zu sehen, an dem man den vollgesogenen Tampon herauszieht. Mit Tampons kann man an leichteren Tagen der Periode sogar schwimmen gehen.

Bitte nie in die Toilette!

Benutzte Binden und Tampons wickelst du am besten in etwas Toilettenpapier, bevor sie im Abfalleimer landen. Sie gehören nie in die Toilette. Dort würden sie sich dick mit Wasser vollsaugen und den Abfluss verstopfen.

Das Wort »Zyklus« kommt aus dem Griechischen und bedeutet »Kreislauf« oder »Rad«. Bei einem Zyklus dreht sich also etwas im Kreis und wiederholt sich – deshalb nennt man die Zeit von einer Blutung bis zur nächsten den Monatszyklus.

INFO

Der erste Tag einer Blutung ist immer der erste Tag des neuen Zyklus. Ein durchschnittlicher Zyklus dauert 28 Tage. Es ist aber auch völlig normal, wenn er deutlich kürzer oder länger ist.

Die erste Hälfte – Vorbereitung

Der weibliche Zyklus ist die Vorbereitung auf eine mögliche Schwangerschaft. Die Steuerzentrale dafür sitzt in deinem Gehirn. Von dort schickt die Hirnanhangsdrüse in der ersten Hälfte des Zyklus das Hormon FSH zu den Eierstöcken. FSH ist die Abkürzung für »**f**ollikel**s**timulierendes **H**ormon«. Es regt (stimuliert) die Reifung von Eizellen an, die auf Lateinisch Follikel heißen. In den Eierstöcken reifen nun mehrere Eizellen.

Das Hormon Östrogen

In den Hüllen der reifenden Eizellen werden Östrogene gebildet. Ihre Aufgabe ist es jetzt vor allem, den Aufbau deiner Gebärmutterschleimhaut anzuregen. Sie verdickt sich und wird gut durchblutet. So entsteht das »Nest« für eine befruchtete Eizelle – für den Fall, dass es zu einer Schwangerschaft kommen sollte. Außerdem steigern Östrogene den Geschlechtstrieb, damit du genau zur Zeit der Eireife besonders viel Lust auf Sex bekommst.

Die Mitte des Zyklus – ein Ei springt

Etwa zwei Wochen nach Beginn des Zyklus ist ein Ei (manchmal sind es auch mehrere) besonders weit ausgereift. Die vielen Östrogene in deinem Blut melden deshalb dem Hirn, jetzt ein anderes Hormon auszuschütten: Das LH.

LH ist die Abkürzung für »luteinisierendes Hormon«. Es gelangt mit dem Blut zum Eierstock und löst dort den Eisprung aus.

Warum heißt es Eisprung?

Eierstöcke und Eileiter sind nicht miteinander verbunden. Wenn ein Ei reif ist, stülpt sich das offene Ende des Eileiters wie ein Trichter über den Eierstock. Dann erst löst sich die Eizelle – sie »springt« – und wird von etwas Flüssigkeit zum Eileiter gespült.

Klarer Schleim

Dein Gebärmutterhals wird von einer zähen Schleimschicht verschlossen, die vor Infektionen schützt. Zur Zeit des Eisprungs wird dieser Schleim aber flüssig, damit von außen Samenzellen hindurchschwimmen können. Etwas von diesem klaren Schleim kannst du manchmal sogar im Slip entdecken.

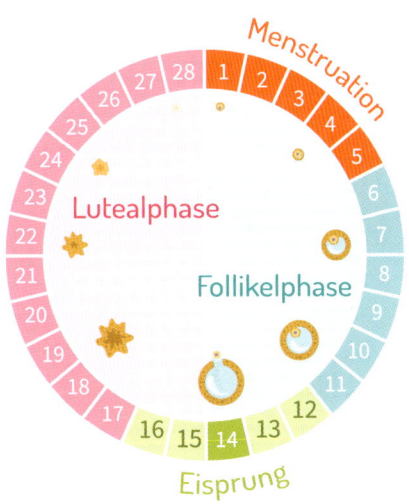

Menstruation

Lutealphase

Follikelphase

Eisprung

Die zweite Hälfte – schwanger oder nicht?

Im Eileiter wird die Eizelle von Flimmerhärchen in Richtung Gebärmutter bewegt. Falls du um diese Zeit herum mit einem Jungen ungeschützten Sex hast, kann sie auf diesem Weg von einer männlichen Samenzelle befruchtet werden. Ohne Befruchtung wird das »Nest« in der Gebärmutter nicht gebraucht: Es wird abgestoßen, der Zyklus neigt sich dem Ende zu – und deine Blutung beginnt.

AUCH JUNGEN HABEN ES NICHT LEICHT

Wenn sich die Jungs in der 6. oder 7. Klasse mit den Mädchen vergleichen, fühlen sich die meisten furchtbar klein und kindlich. Jungs sind nämlich »Spätzünder«: Sie kommen im Durchschnitt fast zwei Jahre später in die Pubertät als Mädchen.

Wer ist der Coolste?

Jungen setzen sich oft viel mehr unter Druck, als es Mädchen tun – denn sie fühlen sich gegenseitig immer ein bisschen als Konkurrenten. Deshalb wollen sie nicht nur cool sein – sie müssen absolut der Coolste sein. Während sich Mädchen in der Pubertät gerne zusammenschließen, verlieren Jungs durch ihr Imponiergehabe manchmal sogar ihre Freunde.

Üble Laune und Hirn-Ausraster

In den Köpfen der Jungs geht es während der Pubertät genauso chaotisch zu wie bei den Mädchen. Auch Jungen sind daher launisch. Außerdem werden sie in der Gruppe oft übermütig und stiften sich gegenseitig zu Unfug an, um ihre Stärke zu zeigen. Deshalb verunglücken Jungen oft häufiger als Mädchen und bekommen öfter Probleme mit der Polizei.

Muskeln statt Kurven

Der Körper eines Jungen verändert sich in der Pubertät anders als der eines Mädchens. Jungen bekommen keine runden Hüften, keinen Busen und keine Monatsblutung – dafür aber mehr Muskeln, Bart, Brustbehaarung und einen Adamsapfel.

Der merkwürdige Stimmbruch

Irgendwann zwischen dem 12. und 15. Geburtstag macht die Stimme bei vielen Jungen für einige Zeit nicht mehr, was sie soll. Mal überschlägt sie sich schrill, mal kiekst oder knarzt sie. Das alles ist Jungs natürlich peinlich. Doch es ist normal – und das hörbare Zeichen, dass ein Junge zum Mann wird.

Was ist der Adamsapfel?

Ist dir bei Männern schon der spitze Keil aufgefallen, der vorne im Hals beim Sprechen auf und ab gleitet? Dieser »Adamsapfel« gehört zum Kehlkopf. Vor der Pubertät haben alle Kinder einen kleinen Kehlkopf mit kurzen Stimmlippen. In der Pubertät wächst der Kehlkopf dann beim Jungen viel stärker als beim Mädchen. Er wird spitz und ist nun von außen gut zu sehen. Auch die Stimmlippen werden beim Jungen länger – dadurch wird die Stimme tief und männlich.

FAKT

Der Name »Adamsapfel« geht auf eine Geschichte in der Bibel zurück. Als Adam im Paradies von Eva den verbotenen Apfel vom Baum der Erkenntnis bekam, biss er hinein und ein Teil der Frucht blieb ihm im Halse stecken. Seitdem haben alle Männer einen Adamsapfel.

Auch Mädchen sprechen jetzt tiefer

Als Mädchen machst du in der Pubertät ebenfalls einen Stimmwechsel durch. Deine Stimme wird dabei weicher, melodischer und auch etwas tiefer. So tief wie junge Männer sprechen junge Frauen später aber sehr selten, denn ihre Stimmlippen werden nur halb so lang.

DIE MÄNNLICHEN GESCHLECHTSMERKMALE

Bei den Jungs beginnt die Pubertät ebenso im Kopf wie bei den Mädchen. Vom Gehirn gelangen die Hormone FSH und LH mit dem Blut zu dem Organ, wohin sie ihre »Nachrichten« beim Mann bringen sollen: zu den beiden Hoden.

Testosteron – das männliche Hormon

In den Hoden werden einige männliche Sexualhormone gebildet – die sogenannten Androgene. Das »männlichste« Hormon ist dabei eindeutig das Testosteron.

Denn Testosteron sorgt dafür, dass
- die Geschlechtsorgane wachsen und ihre Arbeit aufnehmen.
- in den Hoden Samen (lateinisch: Spermien) gebildet werden.
- sich Muskeln und breite Schultern ausbilden.
- die Schamhaare, die Brusthaare und der Bart wachsen.
- der Kehlkopf wächst und die Stimme tiefer wird.
- sich die Ausdauer erhöht.
- die Haut Schweiß und Talg produziert.

TIPP

Pickel am besten nicht ausdrücken! Sonst bilden sich Narben. Am besten holt man sich Hilfe beim Hautarzt.

Fettige Haare, Pickel und Akne

Talg macht die Haut geschmeidig. In der Pubertät wird aber oft zu viel Talg produziert. Dann verstopfen die Poren. Sie entzünden sich und es entstehen nervige Pickel oder Akne. Jungs leiden darunter oft noch stärker als Mädchen.

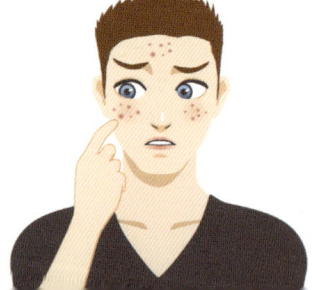

Welche Geschlechtsmerkmale haben Männer?

Die Merkmale des Körpers, die einen Jungen eindeutig als männlich ausweisen, unterteilen sich, wie bei den Mädchen, in drei Gruppen.

Primäre männliche Geschlechtsmerkmale

sind beim Baby schon von Geburt an vorhanden. Die zur Fortpflanzung wichtigen Organe sind: der Penis, die beiden Hoden mit ihren Nebenhoden und die Samenwege.

Sekundäre männliche Geschlechtsmerkmale

zeigen sich erst mit dem Beginn der Pubertät. Dazu gehören: die tiefe Stimme, der Bartwuchs und die Brustbehaarung.

Tertiäre männliche Geschlechtsmerkmale

sind die Unterschiede im äußeren Körperbau zu erwachsenen Frauen. Männer sind im Durchschnitt größer und haben mehr Muskeln, aber ein schmaleres Becken.

FAKT

In den männlichen Organen wird immer auch eine kleine Menge weiblicher Östrogene produziert. Und jede Frau produziert immer ein bisschen Testosteron. Weil am Beginn der Pubertät noch nichts richtig klappt, gerät das Gleichgewicht zwischen den männlichen und weiblichen Hormonen im Körper manchmal noch durcheinander. In dieser Zeit bekommen Jungs dann einen kleinen Busen und Mädchen einen dunklen Flaum auf der Oberlippe. Das kann ziemlich nerven. Aber keine Sorge: Es geht bald wieder weg.

INNERE UND ÄUSSERE GESCHLECHTSORGANE

Die Fortpflanzungsorgane verstecken sich beim Jungen nicht so sehr im Körper wie beim Mädchen. Trotzdem haben Männer nicht nur äußere, sondern auch innere Geschlechtsorgane.

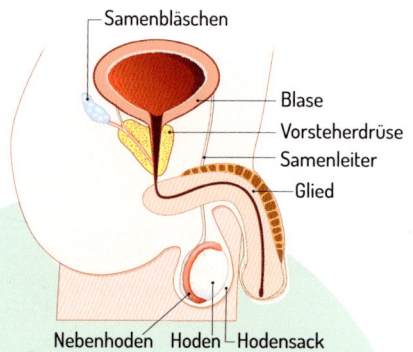

Samenbläschen

Blase
Vorsteherdrüse
Samenleiter
Glied

Nebenhoden   Hoden   Hodensack

Von innen nach außen

Die inneren männlichen Geschlechtsorgane sind: die beiden Hoden mit ihren Nebenhoden, die beiden Samenleiter, die Samenbläschen, die Vorsteherdrüse (lateinisch: Prostata) und noch weitere Drüsen.
Die äußeren Geschlechtsteile sind: der Hodensack (Skrotum) und das Glied (Penis).

Zwei Kugeln im Sack

Hoden sind ungefähr so groß wie Pflaumen und fühlen sich beim Tasten wie zwei bewegliche Kugeln an. Meistens ist der linke Hoden etwas größer und hängt tiefer herunter. Sehen kannst du die Hoden nicht direkt, denn sie hängen im Hodensack. Seine Haut ist schrumpelig und ziemlich dunkel. Im Innern der Hoden befinden sich dünne Samenkanäle: Darin werden ab der Geschlechtsreife die Samenzellen gebildet.

Wichtige Nebenhoden

Die Samen werden in die Nebenhoden weitergeleitet. Sie liegen auf der Rückseite der Hoden. In den Nebenhoden reifen die Samen weiter aus – und warten, ob sie den Körper verlassen dürfen. Weil Samenzellen nur ein oder zwei Tage alt werden, müssen die Hoden ständig Nachschub herstellen.

Aus den Spermien wird Sperma

Von jedem Nebenhoden führt ein Samenleiter zur Harnröhre. Und hier kommen die Samenbläschen und die Prostata ins Spiel: Denn sie sondern Sekrete ab, die die winzigen Samen (Spermien) in Bewegung bringen. Nur ein Teil des Spermas, das beim Samenerguss aus der Harnröhre spritzt, besteht also aus Spermien. Die restliche Flüssigkeit dient als Transportmittel. Spermien kannst du ohne Mikroskop nicht sehen – das klebrige, süßlich riechende Sperma schon.

Empfindliche Teile!

Wenn ein Junge beim Toben oder beim Sport einen Schlag auf den Hodensack bekommt, tut das unglaublich weh. Manchmal muss nach einer Verletzung – oder Erkrankung – sogar ein Hoden entfernt werden. Sollte das deinem Freund passieren, ist er aber kein »halber« Mann. Auch mit einem Hoden hat er jede Menge Lust auf Sex und kann problemlos Vater werden.

Warum liegen Hoden nicht im Körper?

Obwohl die Hoden so empfindlich sind, dürfen sie sich nicht im Unterleib verstecken. Denn dort ist die Temperatur für die Samenzellen zu hoch. Zu kalt mögen es Spermien aber auch nicht. Hoden können ihren Abstand zum Körper deshalb verändern: Bei Kälte zieht sich der Hodensack zusammen und holt die Hoden so an den warmen Körper heran.

FAKT

Der Hodensack zieht sich auch bei Angst zusammen. Denn »Angst« bedeutet, dass »Gefahr« droht, und davor sollen die Hoden geschützt werden.

SEIN BESTES STÜCK

Hast du beim Lesen der Überschrift sofort an das männliche Glied gedacht? Herzlichen Glückwunsch! Du kennst dich mit Jungs schon ganz gut aus ;-)

Wie groß wird er wohl?

So, wie du als Mädchen über deine Brüste nachdenkst, beschäftigt sich jeder Junge mit seinem Penis (auch der wächst ungefähr bis zum zwanzigsten Geburtstag). Wie dick und lang wird er wohl werden? Viele Jungs glauben, je größer ihr Glied ist, desto »männlicher« sind sie auch. Das ist aber Unsinn. Jede Länge ist »normal« und funktioniert beim Sex gleich gut.

Die Vorhaut

Der Penis ist mit einer dehnbaren Haut überzogen. Ganz vorne nennt man sie Vorhaut. Sie schützt im schlaffen Zustand des Gliedes seine empfindliche Spitze: die Eichel. Mit der Eichel ist die Vorhaut über ein Hautband an der Unterseite verbunden.

INFO

In einigen Religionen ist es üblich, die Vorhaut beim Jungen zu entfernen. Nach dieser rituellen »Beschneidung« lässt sich die Eichel besser sauber halten.

Was hat die Eichel mit dem Kitzler zu tun?

Die Eichel besteht aus einem ähnlichen Gewebe wie der Kitzler beim Mädchen. In ihr befinden sich viele feine Nerven, die sie zum sexuell empfindlichsten Organ des Mannes machen. Wie der Kitzler ist die Eichel also für erregende Gefühle zuständig.

Wie funktioniert eine Erektion?

Bei der Fortpflanzung geht es darum, den Samen des Mannes zur Eizelle zu bringen. Also muss der Penis in die Scheide – und das klappt nur im steifen Zustand.

Im Glied befinden sich um die Harnröhre herum drei Schwellkörper. Wenn ein Junge sexuell erregt ist, füllen sie sich wie ein Schwamm mit Blut. Je mehr Blut hineinströmt, desto mehr richtet sich der Penis auf. Er wird länger und härter. Dabei gleitet die Vorhaut zurück und gibt die Eichel frei. Das nennt man eine Erektion.

Wenn die Erektion abklingt, fließt das überschüssige Blut ab. Der Penis wird wieder klein und weich und hängt nach unten.

FAKT

Egal, wie kurz oder lang ein Penis im schlaffen Zustand ist: Das steife Glied ist bei den meisten Männern ungefähr gleich groß und hat die Form und Länge einer mittelgroßen Banane. Dabei kann die Biegung auch zur Seite zeigen. Beim Sex stört das aber nicht.

Was Jungs verwirrt

Zu Beginn der Pubertät haben Jungs oft einen »Steifen«, ohne überhaupt an Sex zu denken. Manchmal tut die Erektion sogar weh. Und der erste Samenerguss passiert oft im Schlaf, nach einem »feuchten Traum«. Jungs finden dieses Eigenleben ihres Gliedes oft superpeinlich. Es ist ein Zeichen dafür, dass auch bei ihnen die Hormone noch üben. Dass sich der Penis aufrichtet, wenn zufällig besonders viel Testosteron im Blut ist, passiert einfach. Es lässt sich nicht kontrollieren.

Divers – und noch mehr

SO VIELFÄLTIG IST DIE NATUR!

Dass es nur Frauen und Männer geben soll, scheint die Natur langweilig zu finden. Denn es gefällt ihr, beim Geschlecht manchmal für ein bisschen Abwechslung zu sorgen. Warum, weiß niemand genau. Es ist einfach so.

Was bedeutet eigentlich »divers«?

Jeden Tag kommen Kinder zur Welt. Mädchen. Jungen. Und auch immer ein paar, die mit einer Variation (Abwandlung) der Geschlechtsentwicklung geboren werden. In seltenen Fällen sieht man das schon bei der Geburt. Deshalb haben Eltern nicht nur die Möglichkeit, das Geschlecht ihres Kindes in der Geburtsurkunde mit »weiblich« oder »männlich« anzugeben. Sie können den Eintrag auch offen lassen – oder »divers« eintragen lassen. »Divers« kommt aus dem Lateinischen und bedeutet »verschieden«, »vielfältig«. Diese Kinder werden also weder dem weiblichen noch dem männlichen Geschlecht zugeordnet.

Möglichkeit der späteren Anpassung

Die meisten Menschen, die mit einer Variation geboren werden, bemerken dies erst, wenn sie älter werden. Dann haben sie die Möglichkeit, aus diesem wichtigen Grund ihren Namen und ihr Geschlecht offiziell ändern zu lassen. Im Gesetz ist geregelt, dass Betroffene dazu beim Amtsgericht zwei Gutachten von unabhängigen Sachverständigen vorlegen müssen, die vom Gericht bestellt werden. Jugendliche unter 18 Jahren brauchen dafür zudem das Einverständnis der Erziehungsberechtigten.

Das Gendersternchen

In der geschriebenen Sprache gibt es neben dem weiblichen und männlichen Geschlecht eine dritte Möglichkeit: das Gendersternchen (lateinisch: Asterisk). Es stellt alle Geschlechter in einem Wort dar. In »Lehrer*in« steckt also nicht nur die männliche und weibliche Form. Das Wort schließt auch Menschen ein, die sich keinem der beiden Geschlechter zuordnen können oder wollen. Eine andere Möglichkeit ist es, dass du ganz neutrale Begriffe wie »Lehrpersonal« oder »Lehrende« verwendest.

Artikel 3 des Grundgesetzes

(1) Alle Menschen sind vor dem Gesetz gleich.
(2) Niemand darf wegen seines Geschlechtes, seiner Abstammung, seiner Rasse, seiner Sprache, seiner Heimat und Herkunft, seines Glaubens, seiner religiösen und politischen Anschauungen benachteiligt oder bevorzugt werden.

Offenheit und Neugier

Variationen der Geschlechtsentwicklung sind seltene Abweichungen von dem, was alle gut kennen und für normal halten. Manche meinen deshalb, dieses »Anderssein« sei »unnatürlich« – obwohl es ja die Natur selbst ist, die sich solche Varianten einfallen lässt. Verachtung und Ausgrenzung sind daher völlig unbegründet. Viel besser ist es, wenn du offen für das Ungewöhnliche bist – und dich darüber informierst ;-)

VIELE VERSCHIEDENE BEGRIFFE

Die einzelnen Variationen der Geschlechtsentwicklung zu erklären, ist nicht einfach. Denn es gibt viele Begriffe, die sogar von den Betroffenen verschieden benutzt werden. Auch sie diskutieren daher oft über die richtige Verwendung.

Es kann also vieles falsch verstanden werden, sosehr sich jeder Mühe gibt. Trotzdem ist eine Erklärung der Begriffe wichtig, da sonst niemand weiß, wovon die Rede ist. Hier also die wichtigsten – so einfach und richtig wie möglich.

Intersexualität

Das lateinische Wort »inter« bedeutet »zwischen«. Dieses »zwischen« den beiden biologischen Geschlechtern kann sich beim Menschen durch diese Formen zeigen:

- Einige Intersexuelle besitzen gleichzeitig männliche und weibliche Erbanlagen. Das ist nur durch Bluttests zu erkennen.
- Andere weisen ab der Pubertät einen gleich hohen Anteil männlicher und weiblicher Geschlechtshormone auf. Deshalb entwickeln sich bei ihnen alle weiblichen und männlichen sekundären Geschlechtsmerkmale, wie Busen und Bart.
- Manche Menschen besitzen sogar gleichzeitig männliche und weibliche primäre Geschlechtsorgane – äußerlich den Penis und innerlich eine Vagina und Gebärmutter. Das sind die seltenen Fälle, in denen die Variation gleich bei der Geburt zu sehen ist.

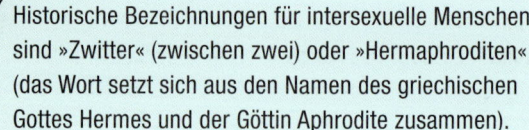

INFO

Historische Bezeichnungen für intersexuelle Menschen sind »Zwitter« (zwischen zwei) oder »Hermaphroditen« (das Wort setzt sich aus den Namen des griechischen Gottes Hermes und der Göttin Aphrodite zusammen).

Sagt man »transsexuell« oder »transgender«?

Etwas völlig anderes als die Intersexualität ist die Transgeschlechtlichkeit eines Menschen. Gerade hier gibt es viel Verwirrung über die richtigen Begriffe:

• Cisgender

Der englische Begriff »gender« bezieht sich auf das soziale Geschlecht. Cisgender identifizieren sich mit dem ihnen bei der Geburt zugewiesenen Geschlecht. Das ist der Regelfall.

• Transgender

Das lateinische Wort »trans« bedeutet »hinüber« oder »jenseits von«. Als Transgender bezeichnet man Menschen, die sich mit dem Geschlecht, das ihnen nach der Geburt wegen der sichtbaren Körpermerkmale zugeordnet wurde, falsch oder unvollkommen beschrieben fühlen.

Einige transgeschlechtliche Personen lehnen das Wort wegen der Betonung der sozialen Komponente aber ab.

• Transsexualität

Das ist der in Deutschland rechtlich korrekte Begriff für Transgeschlechtlichkeit. Das lateinische »sexus« bezieht sich auf das örperliche Geschlecht. Transsexuelle wissen, dass sie einem anderen Geschlecht als dem bei der Geburt festgestellten zugehören.

Der Begriff wird heute aber von einigen abgelehnt. Ihnen betont die Endung »Sexualität« zu sehr das Körperliche im Gegensatz zum Sozialen (gender). Es klingt für sie daher, als hätte Transsexualität nur etwas mit sexueller Orientierung zu tun.

NOCH MEHR ÜBER »TRANS«

Weil es um die Begriffe Transsexualität und Transgender immer wieder Diskussionen gibt, wird häufig auch der Begriff Trans* (Trans-Sternchen) verwendet. Es ist der Versuch, einen Oberbegriff zu finden, der nicht wertet. Er soll für den ganzen Trans*Bereich gültig sein.

Transgeschlechtlichkeit

Andere Menschen verwenden als Oberbegriff den Begriff »Transgeschlechtlichkeit«. Er beinhaltet sowohl die körperliche Komponente (transsexuell) als auch die soziale (transgender).

Transfrau und Transmann

»Transfrauen« sind Frauen, auch wenn ihnen bei der Geburt das männliche Geschlecht zugeordnet wurde.

»Transmänner« sind Männer, auch wenn ihnen bei der Geburt das weibliche Geschlecht zugeordnet wurde.

Nicht-binär

Menschen, die sich weder dem männlichen noch dem weiblichen Geschlecht zugehörig fühlen, bezeichnen sich selbst oft als »nicht-binär« (binär = zwei). Sie verorten sich also außerhalb des Zweiersystems Mann/Frau.

Transidentität

Das aus dem Lateinischen kommende Wort »Identität« bedeutet übersetzt »derselbe« oder »völlig übereinstimmend«. Transidente Menschen lassen sich, obwohl ihr Geschlecht körperlich eindeutig zu sehen ist, nicht dem männlichen oder weiblichen Geschlecht zuordnen. Sie betonen eher, dass es ihnen um die Identifikation mit dem anderen Geschlecht geht. Aber auch dieser Begriff ist strittig.

Transvestiten

sind Menschen, die sich entgegen ihrem bei der Geburt zugewiesenen Geschlecht kleiden – und zwar für den ganz normalen Alltag. Dahinter kann (muss aber nicht!) der Wunsch eines Trans*Menschen stecken, sich äußerlich an sein eigentliches Geschlecht anzugleichen. Ein ebenfalls dafür verwendeter Begriff ist »Cross-Dressing«.

Was ist eine Geschlechtsangleichung?

Viele Menschen mit Variationen der Geschlechtsentwicklung kommen damit im Alltag gut klar. Andere leiden dagegen sehr darunter, äußerlich nicht ihrem Geschlecht zu entsprechen. Sie wollen nach langen Jahren des Leidens ärztliche Behandlungen durchführen lassen, um sich an ihr persönliches Geschlecht körperlich anzugleichen. Das kann durch die Einnahme von Hormonen und Operationen geschehen.

Transgender-Symbole

Aus dem Biologieunterricht kennst du die Symbole für das männliche Geschlecht ♂ und das weibliche Geschlecht ♀.

Für Intersexuelle und Trans* gibt es mehrere Symbole, von denen einige häufiger zu sehen sind.

Transfrau

Transmann

Transgender-Symbol

Transgender-Flagge

Hellblau steht für männlich, rosa für weiblich und weiß u.a. für Menschen zwischen oder außerhalb beider Geschlechter.

Schmetterlinge im Bauch

WAS IST LIEBE?

Es ist für jeden Menschen das Wichtigste im Leben, geliebt zu werden. Und zum Glück fühlen sich viele schon als Kind von der Nähe und Wärme umgeben, die uns unsere Eltern und Großeltern schenken. Doch mit der Pubertät lernst du noch eine andere Art der Liebe kennen – die sogenannte geschlechtliche Liebe.

Plötzlich hat Liebe mit Sex zu tun

Nüchtern betrachtet ist diese neue Liebe, die du erlebst, ein urzeitlicher Paarungstrieb. Und das schöne Gefühl, »verliebt« zu sein, ist eigentlich ein Trick der Natur, um ein Mädchen und einen Jungen dazu zu bringen, gemeinsam Kinder zu zeugen.

Wenn du dich verliebst, steigt in deinem Blut der Anteil des männlichen Geschlechtshormons Testosteron – und bei deinem Freund sinkt er. Man nimmt an, dass so die Unterschiede zwischen Mann und Frau ein wenig aufgehoben werden sollen: damit sie leichter zusammenfinden.

Das verliebte Gehirn

Damit es zur Fortpflanzung kommt, setzt dein Körper starke Mittel ein. Das verliebte Gehirn wird mit chemischen Wirkstoffen geflutet, die der Körper selbst herstellt. Dieser Cocktail aus Geschlechtshormonen und Botenstoffen wie Dopamin und Serotonin sorgt für ein Gefühl, das oft mit »Schmetterlingen im Bauch« beschrieben wird.

• Dopamin

regt in deinem Körper ein »Verlangen« an. Der Botenstoff steigert dafür deine Aufmerksamkeit und Begeisterung – und treibt dich an, Dinge zu tun, die dir Glücksgefühle verschaffen.

• Serotonin

sorgt für Ausgeglichenheit und innere Ruhe. Die Menge dieses Botenstoffs wird aber verringert, wenn du verliebt bist! Deshalb ist dein Gehirn überaktiv – und alle Gedanken kreisen zwanghaft um deinen Schwarm.

Was nützt es mir, das zu wissen?

Wer verliebt ist, ist also immer ein bisschen »überdreht«. Doch vielleicht erleichtert es dir das Wissen über die Chemie der Liebe, deine Symptome der akuten Verliebtheit wenigstens besser zu verstehen. Es hilft dir allerdings nicht dabei, diesem traumhaft schönen und turbulenten Zustand voller Glück, Lust und Leiden(schaft) zu entgehen.

Der Zauber der Liebe bleibt

Wenn du zum ersten Mal verliebt bist, erlebst du Gefühle, die du als Kind nicht kanntest. Denn Liebe kann lustig sein, traurig, kompliziert, zärtlich, nervig – und oft ist sie alles zugleich. Sie ist kaum auszuhalten – aber trotzdem immer auch wunderschön!

VERKNALLT ODER ECHT VERLIEBT?

Keine Panik, das geht allen Mädchen so: Wenn du einen neuen Jungen siehst, checkst du automatisch, ob er dein Typ ist. Hat er braune Locken, für die du so schwärmst? Und blaue, strahlende Augen? Ob du dich aber einmal in genau so einen Traumjungen verliebst, ist nicht sicher.

Wichtiger als Körpergröße und Frisur

Um einen Jungen wirklich lieben zu können, müssen dir zum Beispiel auch seine Stimme (und was er damit sagt!) und seine Bewegungen gefallen. In den allermeisten Fällen verknallst du dich deshalb zwar in super aussehende Traumtypen – aber du verliebst dich nur in jemanden, der dich zum Lachen bringt und bei dem du dich einfach wohlfühlst. Ein Junge, der es schafft, dein Herz zu berühren, muss also gar nicht besonders gut aussehen. Es ist vor allem sein Wesen, was auf Dauer zählt.

In wen du dich verliebst, hängt auch stark vom Geruch ab. Denn deine Hormone sorgen dafür, dass du nur Jungen gut findest, deren Erbanlagen deine gut ergänzen. Und das kannst du riechen. Daher kommt auch der Spruch: »Den kann ich nicht riechen!«, wenn man jemanden nicht mag.

Bin ich verliebt?

Du lächelst, wenn du an ihn denkst, und genießt seine Nähe.
Aber ist das schon Liebe?
Wenn du nicht sicher bist, könntest du dir vornehmen, den Jungen ein paar Tage nicht zu sehen. Vermisst du ihn dann? Abstand ist ein gutes Mittel, um die Gefühle zu ordnen!

Die Angst, verletzt zu werden

Die erste Verliebtheit behalten die meisten Mädchen gerne eine Weile für sich. Kein Wunder, denn in dieser Phase ist man besonders verletzlich. Noch weißt du ja nicht, wohin das alles führen wird. Wer seine Liebe offen zeigt, wird verwundbar und riskiert abzublitzen. Klar ist: Sobald du einem Jungen sagst, dass du ihn liebst, wird nichts mehr so sein wie vorher.

Erst mal tief durchatmen

Du spürst, dass du in einen Jungen verliebt bist? Dann beobachte ihn noch eine Zeit lang. Vielleicht merkst du, dass er doch nicht so gut zu dir passt, wie du dachtest. Oder er sendet dir kein einziges Zeichen, dass er dich auch mag. Hier drei Tipps, wie du herausfindest, ob auch er bereit für »mehr« wäre:

- Krame im Rucksack nach einem Taschentuch. Bietet er dir eines an?
- Frage ihn nebenbei (wenn ihr mal alleine seid): »Du, so allgemein, auf welchen Typ Mädchen stehst du eigentlich?«
- Greife »zufällig« nach seiner Hand, zum Beispiel um sich bei einem Konzert nicht in der Menge zu verlieren. Lässt er die Hand in deiner?

Jetzt wird es peinlich

Du denkst, keiner merkt, welche Aktionen du »heimlich« startest, um möglichst oft in der Nähe deines Schwarms zu sein? Deine Freundinnen und seine Freunde sehen alles! Außerdem solltest du ihm lieber nichts schreiben oder intime Bilder von dir schicken, er könnte beides herumzeigen. Und dann möchtest du am liebsten vor Scham im Boden versinken.

LIEBESKUMMER UND SCHLUSSMACHEN

Wer verliebt ist, fühlt sich wie im siebten Himmel. Doch bei Liebeskummer leidest du unter Höllenqualen.

Es tut so weh!

Liebeskummer packt uns immer dann, wenn jemand, den wir lieben, nichts (mehr) von uns wissen will: Dein Schwarm zeigt dir die kalte Schulter. Dein Freund ist von dir genervt, weil er dich langweilig findet. Und vielleicht hast du sogar erfahren, dass er bereits eine Neue hat. Dann stürzt die Welt ein – und zu deinem Schmerz kommen noch Gekränktheit und Zorn.

FAKT

Das Leben geht ganz sicher auch ohne diese eine Liebe weiter. Wahrscheinlich sogar besser als zuvor. Diese Einsicht musst du dir aber erst mühsam »erleiden«.

So kommst du aus diesem Loch heraus

- Heulen tut gut! Denn Tränen trösten die Seele.
- Ein paar Tage alleine zu grübeln, ist völlig in Ordnung. Dann werde wieder aktiv, sei nett zu dir selbst und verwöhne dich.
- Jammere deinen Eltern und Freundinnen die Ohren voll, sprich über deine Gefühle. Das hilft dir beim Verarbeiten – auch durch Kommentare, die du vielleicht nicht so gerne hörst.
- Träume nicht von der Vergangenheit – räume sie weg. Lösche Bilder, verbanne seine Geschenke.
- Versuche nicht, den Jungen doch noch rumzukriegen. Wenn du ihm nachrennst, ist er umso erleichterter, dich los zu sein. Akzeptiere, dass es vorbei ist. So heilen die Wunden schneller.

Und wenn ich selbst Schluss machen möchte?

Vielleicht denkst aber auch du selbst an eine Trennung. Weil du feststellst, dass deine große Liebe nur ein großer Angeber ist. Oder weil dein Freund nie da ist, wenn du ihn brauchst, und du ständig mehr gibst, als du zurückbekommst. Oder weil er in eine Clique geraten ist, in der du dich sehr unwohl fühlst.

Dann bist du es, die einen anderen durch die Trennung verletzt. Und deshalb solltest du dich so fair wie möglich verhalten. Vor allem, wenn du deinen Exfreund noch weitersiehst, weil ihr beide zum Beispiel auf dieselbe Schule geht oder gemeinsam Training habt.

Trennen – aber fair

Es gehört zum Schwierigsten in der Liebe, sich friedlich zu trennen. Behandle deinen Freund dabei am besten so, wie du behandelt werden möchtest. Auch, wenn du auf ihn sauer bist.

- Triff dich zunächst seltener mit ihm. So gewinnt ihr beide schon etwas Abstand und er kann das Ende »erahnen«.
- Setz dich hin und schreibe auf, warum du dich trennen möchtest. Am nächsten Tag notierst du dann die positiven Dinge eurer Beziehung. Wäge beides gegeneinander ab.
- Mach nicht übers Handy Schluss. Das ist feige.
- Geht zusammen spazieren. Erkläre dabei in Ruhe, was aus deiner Sicht zwischen euch schiefgelaufen ist. Vergiss aber nicht zu sagen, dass ihr natürlich auch gute Zeiten hattet.
- Nehmt euch zum Abschied in den Arm, aber küsst euch nicht.

Eine Trennung tut immer beiden weh. Deshalb musst du dich vielleicht monatelang dazu durchringen. Aber sie öffnet auch die Tür, Neues zu entdecken. Und diese Neugier steht dir zu ;-)

Sogar ein Lehrer kann jung und attraktiv sein. Und das Schönste ist: Du siehst ihn regelmäßig im Unterricht, Woche für Woche. Doch genau darin liegt das Problem – wie sollst du dich da nicht über beide Ohren in ihn verlieben?

Träumen erlaubt – Flirten verboten

Vielleicht ist dein Lehrer sogar deine erste große Liebe. Dagegen spricht auch nichts. Du darfst von ihm träumen, für ihn lernen und vielleicht werden dadurch sogar deine Noten in seinem Fach (noch) besser. Aber steigere dich nicht in diese Schwärmerei hinein. Denn ein Paar werden könnt ihr nicht.

Er darf mit dir keine Beziehung eingehen

Jeder Lehrer weiß, dass er Probleme mit dem Gesetz bekommt, wenn er sich mit Schülern unter 18 Jahren einlässt. Im § 174 des Strafgesetzbuches ist geregelt, dass Lehrern eine sexuelle Beziehung zu Schülern verboten ist, wenn sie »ihm zur Erziehung, zur Ausbildung oder zur Betreuung in der Lebensführung anvertraut oder im Rahmen eines Dienst- oder Ausbildungsverhältnisses untergeordnet« sind. Damit sind auch Lehrer an deiner Schule gemeint, die dich nicht unterrichten.

INFO

Je nachdem, wie weit die sexuelle Beziehung zu einer Schülerin geht, muss der betroffene Lehrer die Schule verlassen, oder es wird ihm ganz verboten, weiter als Lehrer zu arbeiten. In schwerwiegenden Fällen kann er sogar zu einer Gefängnisstrafe (auf Bewährung) verurteilt werden.

Aussichtslose Liebe

Wenn dein Lehrer bemerkt, dass du ihn anhimmelst, bringst du ihn in eine unglaublich schwierige Lage. Denn was soll er tun? Egal, ob er dich ebenfalls mag oder nicht – um sich zu schützen, bleibt ihm nur eine Reaktion: Er muss dir durch sein Verhalten im Unterricht klar seine Ablehnung zeigen. Willst du das?

Was du unbedingt lassen solltest

- Tausche nicht den Platz mit jemandem in der ersten Reihe, um ganz nah bei deinem Lehrer sein zu können.
- Stelle ihm nach dem Unterricht nicht ständig irgendwelche Fragen, um ihn allein für dich zu haben.
- Lauere ihm nirgendwo »zufällig« auf, achte seine Privatsphäre.
- Schreibe ihm keine Liebesbriefe.

- Nerve ihn nicht mit unerwünschten Geschenken.
- Versuche nicht, ihn durch tiefe Ausschnitte und schmachtende Blicke zu verführen.

Erspare dir und ihm also verfängliche Situationen. Sei zu ihm wie zu jedem anderen Lehrer.

Mach niemanden unglücklich

Jede Schwärmerei für einen Lehrer (auch im Sportverein oder an der Musikschule) macht auf Dauer nur unglücklich. Dich. Deinen Lehrer. Und wenn er Familie hat, auch seine Frau und seine Kinder. Stell dir vor, wie furchtbar es wäre, wenn dein Lehrer wegen dir seinen Job verlieren würde. Also, sei vernünftig – Finger weg von Lehrern!

BIN ICH VIELLEICHT LESBISCH?

Wohl jedes Mädchen überlegt während des Erwachsenwerdens einmal: Wie merkt man eigentlich, ob man lesbisch ist?

Hetero. Bi. Homo.

Hinter den Begriffen Hetero-, Bi- und Homosexualität stecken drei verschiedene Formen der geschlechtlichen Liebe.

- »Heterosexuell« zu sein, ist die am häufigsten gelebte Form beim Menschen. Hierbei verlieben sich Männer in Frauen und Frauen in Männer.
- »Bisexuell« bedeutet, dass sich ein Mann in Frauen UND Männer verlieben kann. Und eine Frau in Frauen UND Männer. Manche Menschen verlieben sich ihr Leben lang mal in das eine und mal in das andere Geschlecht.
- »Homosexuell« zu sein, bedeutet, dass man sich in Menschen des eigenen Geschlechts verliebt. Bei Männern nennt man das »schwul sein«, bei Frauen »lesbisch sein«.

Wie merke ich, ob ich lesbisch bin?

Als Mädchen erwarten alle von dir, dass du dich irgendwann in einen Jungen verliebst. Doch mit der Zeit ahnst du, dass es bei dir anders sein könnte. Vielleicht, weil du dich statt in einen Lehrer in eine Lehrerin verliebst. Vielleicht, weil du weibliche Stars stets irgendwie interessanter findest als männliche. Vielleicht, weil du öfter Tagträume von einem bestimmten Mädchen hast. Oder weil du sexuelle Gefühle wirklich nur für Mädchen empfindest, ihre Haut berühren und ihre roten Lippen küssen möchtest.

Wann kann ich mir sicher sein?

Manche Mädchen spüren schon zu Beginn der Pubertät deutlich, dass sie sich ausschließlich in Mädchen verlieben, und bleiben ihr Leben lang dabei. Andere machen ihre ersten sexuellen Erfahrungen mit Mädchen, schwenken dann aber für immer auf Jungen um. Und wieder andere haben viele Jahre lang männliche Partner, bis sie sich als Erwachsene zu Frauen hingezogen fühlen. Ob du selbst auf Dauer lesbisch sein wirst, lässt sich also in der Pubertät nur selten sicher sagen. Ein paar gleichgeschlechtliche Erlebnisse gehabt zu haben, reicht dafür jedenfalls nicht. Deine Liebe zu Mädchen kann einfach eine Phase deiner sexuellen Entwicklung sein.

Ich möchte mit jemandem darüber sprechen

Zu merken, dass man vielleicht lesbisch ist, verunsichert. Oft wissen Mädchen dann aber nicht, mit wem sie in dieser frühen Phase darüber sprechen könnten. Die beste Freundin? Versteht es vielleicht falsch. Wer sich auch seinen Eltern noch nicht gleich anvertrauen möchte, findet als neutrale Info- und Hilfsmöglichkeiten

- Bücher und Internetbeiträge zum Thema,
- lesbische Jugendselbsthilfegruppen und Beratungsstellen für Homosexuelle in Städten
- und Chat-Foren.

TIPP Im Internet solltest du unbedingt darauf achten, vollkommen anonym zu bleiben – selbst wenn du dich von den anderen wundervoll verstanden und unterstützt fühlst. Nicht hinter jedem Gesprächspartner steckt ein vertrauenswürdiger Mensch und du könntest böse Überraschungen erleben.

DAS COMING-OUT

Der englische Begriff »Coming-out« bedeutet übersetzt so viel wie »herauskommen«. Im Bezug auf die Homosexualität ist gemeint, anderen zu sagen, dass man lesbisch oder schwul ist. Auch im Trans*Bereich spricht man vom Coming-out.

Der lange Weg zum Coming-out

Bis es zum Coming-out kommt, durchlaufen die meisten Homosexuellen mehrere Phasen.

- Zuerst vermutest du nur, dass du lesbisch sein könntest.
- Dann merkst du irgendwann, dass dieses Gefühl bleibt.
- Du versuchst lange, es zu verdrängen, denn es macht dir Angst. Und du fürchtest dich vor den Vorurteilen deiner Umgebung gegenüber Homosexuellen.
- Dann erst beginnst du, allmählich den Gedanken zu akzeptieren, dass deine große Liebe ein Mädchen sein wird, und lebst diese Sexualität.

Bis es so weit ist, laut zu sagen: »Ich bin lesbisch!«, können also Jahre vergehen.

Kann ich meine Umgebung darauf vorbereiten?

Lesben erzählen, dass sie einige Zeit vor dem Coming-out in Gesprächen immer wieder »zufällig« auf das Thema Homosexualität kamen (»Ich finde gut, wie die Schauspielerin offen dazu steht, lesbisch zu sein«) oder sich bewusst klischeehaft verhielten. Dadurch ahnten Eltern und Mitschüler schon vorher etwas. Das Coming-out war dann keine große Überraschung mehr, sondern eher für alle eine Erleichterung, endlich Gewissheit zu haben.

Wann ist der richtige Zeitpunkt?

Der richtige Zeitpunkt für ein Coming-out lässt sich kaum planen und hängt einfach von dir selbst ab. Die meisten Lesben outen sich zwischen dem Beginn der Pubertät und Anfang 20. Andere warten, bis sie zu Hause ausgezogen sind. Oft ergibt sich die richtige Situation irgendwann von selbst. Wichtig ist nur, dass du es in diesem Augenblick wirklich willst. Mit Herzklopfen sicherlich – aber es ist dein Augenblick.

Anstrengend – und befreiend

Eine sexuelle Neigung zu verschweigen, ist unglaublich belastend und kostet viel Kraft. Trotzdem ist die Angst vor dem Coming-out oft groß: Wie werden die anderen reagieren? Längst nicht alle Menschen stehen der Homosexualität ja unvoreingenommen gegenüber!

Doch du kannst eigentlich nur gewinnen. Endlich den inneren Druck loswerden, keine Versteckspiele mehr und keine Geheimnisse mehr vor den Menschen, die dir wichtig sind – das ist eine große Erleichterung.

Das schwarze Schaf der Familie?

Vor allem, wenn die Religion deiner Familie Homosexualität ablehnt, geben sich deine Eltern vielleicht die Schuld, dich falsch erzogen zu haben (obwohl Homosexualität nichts mit Erziehung zu tun hat). Sie schämen sich vor deinen Großeltern und den Nachbarn. Und schweigen die »Schande« wahrscheinlich erst einmal tot. Doch du bist ihr Kind und sie lieben dich. Deine Eltern brauchen nur sehr viel Zeit, um dein »Anderssein« zu akzeptieren.

»DEN FINDE ICH SEXY!«

»Ist der nicht süß?«, flüstert deine Freundin und zeigt verstohlen auf einen fremden Jungen. »Der hat echt sexy Augen!« Und du weißt natürlich sofort, was sie meint. Deine Freundin fühlt sich zu dem Jungen hingezogen.

Was ist Sexualität?

Für die menschliche Sexualität gibt es viele komplizierte Erklärungen. Einfach ausgedrückt steckt dahinter die Lust eines Menschen, mit einem anderen Menschen zu schlafen. Dieses Verlangen nach »Sex« hat sich die Natur ausgedacht, damit Frauen und Männer miteinander Kinder zeugen. Sexualität dient also der Fortpflanzung.

INFO

»Sex haben« bedeutet, dass ein Paar miteinander Geschlechtsverkehr hat. Es ist die intensivste Form der Sexualität.

Unser Wunsch nach Geborgenheit

Sexualität ist aber mehr als reiner Sex. Ein Paar soll ja nicht nur Kinder bekommen – es soll sie auch gemeinsam aufziehen. Darum hat sich die Natur für uns als Belohnung zusätzlich zur Lust auf Sex auch Gefühle wie Vertrauen und Geborgenheit ausgedacht. Berühren wir einen anderen Menschen, werden Hormone ausgeschüttet, die uns an ihn »binden«. Und weil wir das tief in unserem Innern spüren, sehnen wir uns immer wieder neu nach Nähe, Umarmungen und Zärtlichkeit.

Sind Mädchen und Jungs da gleich?

Mädchen geht es bei einer Freundschaft mit einem Jungen oft nicht zuerst um Sex. Ihnen sind Umarmungen und Kuscheln wichtiger. Ihr Freund soll für sie da sein und alles mit ihnen teilen. Dahinter vermuten Forscher ein Gefühl aus der »Urzeit«: Mädchen spüren, dass sie zum Kinderaufziehen einen zuverlässigen Partner brauchen.

Jungs sehen eine Beziehung dagegen oft nicht so »eng«. Wegen der Freundin auf Kumpel und Hobbys verzichten? Das fällt ihnen schwer. Und Sex zu haben, ist für die meisten Jungs ziemlich wichtig. Ihre Aufgabe in der Natur ist es ja seit »Urzeiten«, möglichst viele Kinder zu zeugen. Egal mit wem.

Wie kann ich mit meinen Eltern DARÜBER sprechen?

Es fällt vielen Menschen schwer, über Sexualität und alles, was damit zusammenhängt, zu sprechen – vielleicht auch dir und deinen Eltern.

TIPP

So könnt ihr euch dem Thema Sex nähern

- Ein guter Einstieg könnte zum Beispiel ein Werbespot sein, in dem Frauen nur als Sexobjekte dienen. Wenn du mutig bist, kannst du auch eine Sexszene in einem Film als Gesprächsbeginn wählen.
- Vielleicht fällt es deiner Mutter leichter, mit dir über Sex zu sprechen, wenn dein Vater nicht dabei ist?
- Verstecke deine eigene Unsicherheit nicht hinter drastischen Worten vom Schulhof wie »Möse« oder »Schwanz«. Verwende lieber sachliche Begriffe wie Scheide und Penis. Deine Eltern werden dir dankbar sein ;-)

DIE NEUGIER AUF SICH SELBST

Das Verlangen nach Sex kommt während der Pubertät nicht über Nacht. Es schleicht sich eher langsam an. Und – ganz wichtig – es kann sich bei dir völlig anders entwickeln als bei deinen Freundinnen.

Was ist »onanieren« und »masturbieren«?

Beide Wörter stehen für »Selbstbefriedigung« – egal, ob es ein Mädchen macht oder ein Junge. Mädchen streicheln dabei ihren Kitzler, stecken sich sanft einen oder mehrere Finger in die Scheide und bewegen den Unterleib hin und her. So findet jede für sich selbst heraus, was die Lust am meisten erhöht. Schließlich steigt die Erregung im Körper so sehr, dass sie sich in einem Feuerwerk schöner Gefühle entlädt.

Die meisten Mädchen haben ihre ersten sexuellen Erlebnisse durch Selbstbefriedigung.

FAKT

Ich will mich nicht selbst berühren

Um es ganz klar zu sagen: Wenn du keine Lust hast, nackt vor einem Spiegel zu sitzen, deine äußeren Geschlechtsorgane zu betrachten oder zu onanieren, ist das völlig in Ordnung. Du bist damit genauso normal wie andere Mädchen, die sich selbst sexuelle Wünsche erfüllen. Wenn du kein Verlangen danach hast, musst du dich nicht dazu zwingen. Bitte setze dich also nicht unter Druck. Es gibt unendlich viele Frauen, die noch nie ihre Schamlippen gesehen haben und trotzdem entspannt und glücklich durchs Leben gehen!

Wie fühle ich mich an?

Für neugierige Mädchen kann es spannend sein, sich selbst zu ertasten. Wie fühlt sich meine Scheide innen an? Wie reagiert mein Kitzler, wenn ich ihn streichle? Oft stellen sich Mädchen dabei im Kopf auch sexuelle Situationen vor, zum Beispiel zärtliche Liebesspiele mit einem tollen Typen aus der Schule.

Es ist natürlich, dies alles auszuprobieren und erst viel später richtigen Sex mit einem Partner zu haben. Kein Mädchen möchte gleich zu Beginn der Pubertät mit jemandem schlafen.

Kann man zu oft onanieren?

Zu oft onanieren nur die wenigsten Mädchen. Wenn sich dein ganzes Denken irgendwann aber nur noch darum drehen sollte, wann du endlich wieder alleine bist, um es tun zu können, solltest du dein Verhalten überdenken. Vor allem, wenn du anfängst, deinen Schambereich durch die Selbstbefriedigung wund zu reiben, und du Schmerzen bekommst.

Gibt es Selbstbefriedigung nur in der Pubertät?

Das Vergnügen mit sich selbst bleibt für manche Menschen ihr Leben lang wichtig. Sie befriedigen sich in Zeiten, in denen sie gerade keinen Partner haben. Oder es ist für sie einfach eine zusätzliche Spielart des Sex, neben dem Geschlechtsverkehr mit dem Menschen, den sie lieben – und der gerade nicht bei ihnen sein kann.

KÜSSEN UND KNUTSCHEN

Du hast deinen Schwarm erobert. Und weil ihr ineinander verliebt seid, kommt ziemlich bald auch der erste Kuss. Dann wird geknutscht, eure Hände wandern unter T-Shirt oder Pulli. Aber besser nicht in der Öffentlichkeit!

Lasst euch Zeit

Wenn du Liebesszenen in Filmen siehst, kannst du leicht glauben, dass es zwischen Männern und Frauen nur darum geht, möglichst schnell im Bett zu landen und wilden Sex zu haben. Im wirklichen Leben wollen sich Mädchen aber eher langsamer an Jungs herantasten – und das ist wörtlich gemeint. Zuerst wünschst du dir nur eine zärtliche Umarmung, dann einen sanften Kuss. Und erst viel später möchtest du mehr. Es gehört ja auch eine Menge Vertrauen dazu, einen anderen Menschen ganz nah an sich heranzulassen. Mädchen brauchen dafür meistens noch mehr Zeit als Jungs.

Der erste Kuss

Es kann wunderbar sein, wenn deine Lippen zum ersten Mal die Lippen deines Freundes berühren dürfen. Oder es kann ziemlich komisch sein. Ist es nicht schrecklich peinlich, wenn ausgerechnet beim ersten Kuss die Zähne klackend aufeinandertreffen, die Nasen zusammenstoßen oder die Brille im Weg ist? Nein, ist es nicht. Lacht einfach darüber und probiert es noch mal. Wenn dich dein Schwarm verhöhnt, weil du noch unerfahren bist, dann ist er einfach nicht der nette Junge, für den du ihn bisher gehalten hast.

Achtung: Zunge!

Beim Küssen kannst du eigentlich nichts falsch machen. Nur der Zungenkuss hat seine Tücken. Es ruiniert die schönste Stimmung, wenn dabei übertrieben wird. Die Zunge dem anderen weit in den Mund zu stecken – das ist eher eklig.

So klappt der Zungenkuss perfekt

- Küsst euch erst sanft, mit leicht geöffneten Lippen. Versuche dabei herauszufinden, wie weit der andere gehen will.
- Wenn beide möchten, könnt ihr die Lippen weiter öffnen und eure Zungenspitzen ein bisschen miteinander spielen lassen.
- Und nur, wenn beide das wirklich schön finden, dürfen die Zungen weiter auf Entdeckungsreise gehen. Ob es deinem Freund gefällt, merkst du sofort. Wenn nicht, wird er sich zurückziehen. Das musst du unbedingt respektieren.

Abwarten ist manchmal besser

Wenn du deinen Freund in der Öffentlichkeit triffst, solltest du dich besser nicht sofort auf ihn »stürzen«. Vielleicht findet er das gerade nicht cool, weil seine Kumpel dabei sind? Die sichere Variante: Hauche deinem Freund zur Begrüßung einen zarten Kuss auf die Wange. Wenn er mehr will, wird er es dir zeigen.

Smartphones lauern überall

Ob auf der Party, im Schwimmbad oder im Kino: »Freunde«, die von dir und deinem Freund Fotos machen können, lauern tatsächlich überall. Auch wenn ihr beide noch so sehr Lust aufeinander habt – knutscht lieber nicht zu heftig in der Öffentlichkeit ;-)

WEG MIT DEN KLAMOTTEN

Wochenlang hast du mit deinem Freund angezogen geknutscht. Das war wunderschön. Doch jetzt wollt ihr beide gerne noch näher zusammen sein, ohne störenden Stoff dazwischen. Viel Spaß beim Erforschen eurer Körper!

Alle reden von Blümchensex und Petting

Petting, auch Blümchensex genannt, geht viel weiter als Knutschen und Kuscheln. Man lässt dafür die Hüllen fallen. Und dann ist alles erlaubt, was den Partnern Spaß macht – nur nicht das Einführen des Gliedes in die Scheide: **Das ist der wichtige Unterschied zum Geschlechtsverkehr.**

Der Junge kann beim Mädchen zum Beispiel die Brüste, die Innenseite der Oberschenkel, den Kitzler und die Scheide streicheln und küssen. Und beim Jungen sind natürlich die Hoden und das Glied voller erogener Zonen. Wo es für euch gegenseitig am schönsten ist, dürft ihr selbst ausprobieren.

INFO

»Erogene Zonen« sind Stellen am Körper, an denen es einen Menschen besonders sexuell erregt, wenn er dort berührt wird. Je sanfter, desto intensiver.

Kommt man beim Petting zum Orgasmus?

Durch das intensive Streicheln könnt ihr euch beim Petting gegenseitig befriedigen. Vielleicht legt ihr Taschentücher bereit, um das Sperma abwischen zu können? Euer Zusammensein kann aber auch schön sein, wenn es nicht zum Orgasmus kommt, denn das ist gar nicht unbedingt das Ziel beim Petting.

Kann ich durch Petting schwanger werden?

Beim Petting findet kein Samenerguss in der Scheide statt. Trotzdem müsst ihr aufpassen. Schon wenn der Penis steif wird, tritt an seiner Spitze häufig ein kleiner wässriger »Sehnsuchtstropfen« aus, der Spermien enthalten kann. Wenn davon etwas beim Gewusel eurer Hände in die Nähe der Scheidenöffnung gelangt, könnten die Spermien selbst von dort zu einer befruchtungsfähigen Eizelle schwimmen. Nach einem Orgasmus des Jungen müsst ihr die Hände noch mehr unter Kontrolle haben.

Üben für das »erste Mal«

Es ist ein spannendes Abenteuer, beim Petting den Körper des anderen zu erforschen. Ihr lernt, euch langsam aufeinander ein- zustellen, vor allem, wenn ihr beide noch unerfahren seid. Was geht dir noch zu weit? Was findet dein Freund schön? Nichts spricht dagegen, ein Jahr lang Petting zu machen, bevor ihr den Schritt zum richtigen Sex wagt. Wann dafür die Zeit gekommen ist, hängt davon ab, wie reif ihr euch fühlt.

Sex ist kein Geschenk

Dir wird immer noch mulmig, sobald seine Finger deinen Slip berühren? Aber du ahnst, dass dein Freund nicht länger warten will, und hast Angst, er könnte dich verlassen. Nun denkst du darüber nach, ihm Sex als Geschenk zu machen, vielleicht zu seinem Geburtstag. Aber: Sex ist kein Gefallen, den man einem anderen tut. Er soll euch beiden Spaß machen. Wenn du nicht auf dich Rücksicht nimmst – dann tut es auch kein anderer.

DAS ERSTE MAL IST WAS BESONDERES

Vielleicht hast du dich schon ab und zu gefragt, wann das berühmte »erste Mal« wohl sein wird. Wie kannst du dir sicher sein, den Richtigen dafür gefunden zu haben? Und wie wird es sich anfühlen, mit ihm zu schlafen?

Oft ist es nicht so, wie gedacht

Das erste Mal richtigen Sex zu haben, ist ein ganz besonderer Moment im Leben. Deswegen träumen viele Mädchen davon, dass es wunderschön sein wird, umrahmt von Kerzenschein und leiser Musik. Doch um ehrlich zu sein: Oft ist das erste Mal ziemlich verkorkst. Vor allem Mädchen kommen dabei nicht gleich zum Orgasmus. Trotzdem ist es überwältigend, sich dem anderen zum ersten Mal ganz nah zu fühlen. Näher geht's nicht!

Die Angst der Mädchen vor dem Glied

Mädchen haben oft Angst, dass das Eindringen des Gliedes in die Scheide weh-tun könnte. Vor allem zierlich gebaute Mädchen fürchten, sich für ihren Freund nicht weit genug öffnen zu können. Doch die Scheide ist unglaublich dehnbar. Bei einer Geburt zwängt sich ja sogar das Baby hindurch. Sie passt sich also ohne Problem jeder Größe eines Gliedes an.

FAKT

Etwa 20-mal am Tag denkt ein Junge an Sex. Genauso oft wie an leckeres Essen. Vor allem ältere Jungs geben sich daher nicht gerne lange mit Händchenhalten und Küssen zufrieden.

Die Angst der Jungen vorm Versagen

Jungen haben große Angst, sich ungeschickt anzustellen und unerfahren zu wirken. Wie führt man den Penis in die Scheide ein? Und vor allem: Wird er steif genug dafür sein?! Denn einen harten Penis kann man nicht »vortäuschen«, das männliche »Versagen« ist immer sichtbar.

Sex ist supertoll – aber erst, wenn du bereit dafür bist

Wenn beide wirklich große Lust aufeinander haben und zärtlich zueinander sind, geht beim Sex eigentlich fast alles wie von selbst. Wichtig ist, dass du diesen letzten Schritt wirklich möchtest und fühlst, dass es jetzt gut für dich ist. Gerade beim ersten Mal könntest du verkrampfen und noch nicht in der richtigen Stimmung sein. Dann ist auch dein Körper noch nicht bereit. Deine Scheidenwand wird nicht vor Erregung feucht und das Eindringen des Gliedes in die Vagina verursacht tatsächlich große Schmerzen. Lass dich also nicht drängen.

Sprecht miteinander

Sage deinem Freund offen, dass du noch Zeit brauchst. Vielleicht nur ein paar Minuten voller Lachen und Kuscheln. Oder willst du das erste Mal länger verschieben? Dann ist es wichtig, dass sich dein Freund durch das Nein zum Sex nicht persönlich abgelehnt fühlt. Jungen empfinden das oft so. Wenn dein Freund aber weiß, dass du ihn liebst, schweißt euch die Vorfreude auf das nächste »erste Mal« noch enger zusammen.

STELLUNGEN – WIE GEHEN DIE DENN?

Es ist für Jungen nicht ganz leicht, mit ihrem Glied den Scheideneingang zu finden. Schließlich haben Männer an ihrem besten Stück keine Augen und so richtig nach unten gucken geht beim Sex auch nicht. Wie gut, dass du als Mädchen da ein bisschen helfen kannst ;-)

Fingerspitzengefühl

Selbst für Männer, die schon häufig Sex hatten, kann es schwierig sein, mit dem steifen Penis in die Vagina der Frau einzudringen. Das Glied stochert erst einmal im Dunklen herum – was ziemlich frustrierend sein kann. Denn kein Mann macht gerne den Eindruck, etwas nicht gleich zu können.
Wenn du mit deinem Freund schläfst, kannst du ihn daher liebevoll unterstützen. Nimm sein steifes Glied in die Hand und führe es in dich ein. Für Mädchen ist es sowieso am schönsten, über diesen Moment selbst entscheiden zu können.

Auch die Stellung ist wichtig

Beim Geschlechtsverkehr kann ein Paar mit den Körpern verschiedene Haltungen einnehmen. Das sind die sogenannten Stellungen. Am häufigsten schlafen Paare in der sogenannten Missionarsstellung miteinander. Die Frau liegt dabei mit angewinkelten und gespreizten Beinen auf dem Rücken und der Mann auf ihr, um von vorne in die Scheide einzudringen.

TIPP

Das Eindringen klappt bei der Missionarsstellung am besten, wenn du dir zusätzlich ein Kissen unter den Po schiebst.

Was möchtest du zulassen?

Paare können beim Sex in allen nur denkbaren Stellungen liegen, sitzen oder stehen. Bei manchen Positionen kann sich der Junge besser bewegen, bei anderen wird der Kitzler des Mädchens stärker massiert. Was dir und deinem Freund am besten gefällt, findet ihr nach einiger Zeit heraus. Auch hier gilt: Eure Lieblingsstellung muss beiden gefallen. Lass dich zu nichts überreden, wobei du dich unwohl fühlst.

Reiten, Löffelchen, Hündchen ...

Hier noch drei Stellungen für vaginalen Sex, die Paaren oft Spaß machen.

Reiten

Das Mädchen setzt sich auf den liegenden Jungen und »reitet« auf dem einge-führten Glied. Hier gibt also das Mädchen den Rhythmus der Bewegungen an, was viele besonders erregend empfinden.

Löffelchen-Stellung

Beide liegen auf der Seite, der Junge hinten, und das Glied dringt von hinten in die Scheide ein.

Hündchen-Stellung

Das Mädchen kniet und stützt vorne die Arme auf. Der Junge kniet ebenfalls und führt von hinten den Penis ein. Es ist eine »animalische« Stellung, weil sich viele Tierarten so begatten. Mädchen spüren in dieser Stellung den Penis besonders gut. Aber häufig fühlen sie sich trotzdem nicht wohl, weil sie den Partner nicht anschauen können und sich einfach nur benutzt fühlen.

INFO

Vaginaler Sex ist Geschlechtsverkehr, bei dem der Penis in die Vagina eingeführt wird. Das Eindringen des Gliedes nennt man auch Penetration.

DAS IST DER HÖHEPUNKT!

Wenn das Glied in die Scheide eingedrungen ist, bewegt das Paar die Hüften so, dass sich die Geschlechtsorgane gegenseitig massieren. Beide Partner atmen immer heftiger, stöhnen lustvoll und bewegen sich immer ungezügelter, bis sich die Erregung endlich in einem Orgasmus entlädt.

Der Orgasmus

Der Orgasmus ist der Augenblick beim Sex, auf den alles zusteuert. Es ist eine Explosion glücklicher Gefühle, die den Körper fluten, und eigentlich nicht mit Worten zu beschreiben. Während des Orgasmus ziehen sich die Muskeln im Unterleib in Wellen zusammen. Die ersten Wellen sind dabei am stärksten und schönsten. Scheide und Glied pulsieren und aus dem Penis spritzt stoßweise das Sperma.

TIPP

Wenn du mit deinem Freund keine Spermaflecken auf dem Laken hinterlassen möchtest, legt ein Handtuch darauf.

INFO

Das beim Samenerguss aus der Eichel spritzende Sperma nennt man in der Medizin »Ejakulat«. Die Samenentleerung beim Orgasmus heißt daher »Ejakulation«.

Ist im Sperma Urin enthalten?

Wenn das Sperma aus dem Penis spritzt, befindet sich darin kein Urin. Die Natur hat es so eingerichtet, dass sich die Harnröhre im Penis zur Harnblase hin schließt, sobald der Penis steif wird. Deshalb kann kein Urin ins Sperma gelangen.

Stiller Genuss

Nicht jedes Mädchen möchte beim Sex laut und lustvoll stöhnen, obwohl es sehr erregt ist. Dein Freund denkt dann vielleicht, dass dir der Sex keinen Spaß macht – oder dass er nicht gut genug im Bett ist. Sage ihm einfach, dass es für dich schöner ist, euren Sex still zu genießen.

Kein Orgasmus ist wie der andere

Männer kommen fast automatisch zum Orgasmus, wenn sie ihren Penis in der feuchten Scheide bewegen. Mädchen brauchen dagegen mehr Zärtlichkeit. Dein Kitzler, der den Orgasmus auslöst, liegt ja außerhalb der Scheide. Und Jungen müssen erst lernen, diese kleine »Perle« sanft und vor allem lange genug zu streicheln. Dann kannst du als Mädchen sogar mehrere Orgasmen hintereinander haben. Mal wirst du die Wellen bis in die Haarspitzen spüren, mal durchlaufen sie deinen Körper eher sanft. Wenn du noch unerfahren bist, weißt du hinterher nicht einmal immer genau, ob du überhaupt einen Orgasmus hattest.

Franzosen nennen den Orgasmus »le petit mort«: den »kleinen Tod«.

FAKT

Glücklich und entspannt

Auch Jungen erleben Orgasmen unterschiedlich intensiv. Der Samenerguss ist bei ihnen vor allem auch mit einem Gefühl der Erleichterung verbunden. Danach fühlt ihr euch beide warm, glücklich und entspannt. Eure Atmung wird wieder normal, der Penis weich und klein. Und es dauert eine Weile, bis er erneut erregbar und »einsatzfähig« ist ;-)

VARIANTEN KÖRPERLICHER LIEBE

Beim Sex sind Menschen auffallend erfinderisch. Und vielleicht fragst du dich manchmal, wann dabei eigentlich die Grenze zum Perversen überschritten wird. Ist nur vaginaler Sex »normal«? Weil die Liebe ja von Natur aus der Fortpflanzung dienen soll? Oder ist alles möglich, was Spaß macht?

Erlaubt ist, ...

… was beiden Partnern gefällt. Es ist ihre ganz persönliche Sache, wie sie sich gegenseitig erregen und den Sex gestalten. Ungewöhnliche Praktiken gelten deshalb nicht als unmoralisch. Sie sind auch nicht verboten. Und in schwulen Beziehungen sind sie üblich, denn hier ist vaginaler Sex gar nicht möglich.

Bin ich prüde, wenn ich nicht mitmache?

Wenn dir dein Freund eine Technik vorschlägt, die dir nicht gefällt, solltest du sie ablehnen. Vielleicht fällt dir dein Nein schwer, weil du deinen Freund ja liebst. Aber denk dran: Niemand darf dich für seine sexuellen Vorlieben benutzen. Niemand darf dir etwas zumuten, das dir unangenehm ist oder dich ekelt. Hier ist deine Grenze, die der andere nicht überschreiten darf. Denn Sex ist nur schön, wenn du dich dabei wohlfühlst. Lass dir also nicht einreden, du seist prüde, weil du nicht alles mitmachst.

FAKT

Für sexuell unerfahrene Mädchen und Jungen ist bereits der normale vaginale Sex ein großes Abenteuer. Lasst euch dafür Zeit. Das Verlangen, neue Techniken auszuprobieren, kommt dann später von selbst.

Was noch »üblich« ist

Im Internet wimmelt es von Darstellungen sexueller Praktiken. Hier ein kurzer Überblick über die gängigsten Techniken.

Oralsex: Die Partner befriedigen sich gegenseitig mit dem Mund.

- Beim Mädchen erregt der Freund oder die lesbische Partnerin die Klitoris mit der Zunge und den Lippen. Diese Technik heißt Cunnilingus. Mädchen haben dabei häufig Sorge, im Intimbereich schlecht zu riechen. Viele Jungen werden aber gerade durch diesen Duft erregt.
- Beim Jungen lutscht die Freundin oder der schwule Partner am Penis – entweder, um ihn zu erregen, oder bis hin zum Samenerguss. Diese Technik heißt Fellatio. Viele Mädchen finden Sperma im Mund aber eher abstoßend.

Analsex: Hierbei wird der Penis in den Darmausgang (After) eingeführt. Dies wird oft von schwulen Paaren praktiziert.

Wirklich nichts für Unerfahrene

Sadomasochismus:

Ein Partner erregt sich, indem er dem anderen Schmerzen zufügt (Sadismus) oder selbst Schmerzen zugefügt bekommt (Masochismus), zum Beispiel durch Auspeitschen.

Bondage:

Dahinter stecken Fesselspiele, um die Erregung zu steigern. Hierzu gehört auch die Technik, sich eine Plastiktüte über den Kopf zu ziehen, denn Atemnot kann zu starken Orgasmen führen. Das hat schon zu zahlreichen Todesfällen geführt. Daher bitte nicht nachmachen! Kein Orgasmus ist ein Leben wert!

MIT SEX ANGEBEN?

Wenn du die Gespräche deiner Schulfreunde auf dem Pausenhof verfolgst, bekommst du wahrscheinlich den Eindruck, dass einige Jungen und Mädchen ein ziemlich wildes Liebesleben führen. Aber keine Panik. Bei kaum einem anderen Thema wird so viel geschummelt wie in Sachen Sex.

Glaube nicht alles

Eine Freundin gibt damit an, mit wie vielen Jungs sie schon einen Quickie oder One-Night-Stand hatte? Überprüfen kannst du das nicht, stimmt's? Und selbst wenn das Mädchen nicht schwindelt (was meistens der Fall ist) – was hat ihr Verhalten mit dir zu tun? Warum solltest du etwas nachmachen, was dir nicht gefällt? Nur, um endlich auch damit angeben zu können?

INFO

Ein Quickie ist schneller Geschlechtsverkehr (häufig angezogen und im Stehen), ohne großen Austausch von Zärtlichkeiten. Beim One-Night-Stand kennt man den Partner kaum. Man verbringt nur eine gemeinsame Nacht und sieht sich danach nicht wieder.

Ein lustiges Geschenk?

Es soll Freundinnen geben, die sexuell noch unerfahrenen Mädchen zum Geburtstag gerne eine hübsch verzierte Kiste voller Kondome, roter Reizwäsche und schriftlicher Tipps fürs erste Mal schenken. Dann braucht das Geburtstagskind schon viel innere Stärke, um sich nicht unter Druck gesetzt zu fühlen.

Genagelt, flachgelegt, gefickt

Drastische Wörter für Sex werden vor allem von Jungen verwendet, die gerne damit prahlen, wie viele Mädchen sie schon hatten. Durch die aggressive Wortwahl versuchen sie, ihre eigene Unsicherheit zu verbergen. Sie wollen sich stark fühlen und sind natürlich der »King« im Bett. In Wahrheit zeigen solche Jungen aber, dass sie noch niemanden haben, den sie wirklich lieben und dem sie sich nahe fühlen können.

Akrobatische Verrenkungen

Jugendliche erzählen manchmal voller Stolz, wie viele komplizierte Sexpraktiken sie kennen und vielleicht sogar schon ausprobiert haben. Falls das überhaupt stimmen sollte – mach dir nichts draus und fühle dich nicht wie das letzte Landei. Fast alle Liebestechniken werden maßlos überbewertet. Und für einige Stellungen müsstest du fast ein Schlangenmädchen sein. Was hat das noch mit Liebe zu tun?

Sex ist kein Leistungssport

Je entspannter du mit deinem Partner an das Thema Sex herangehst, desto schöner wird es für euch, auch wenn ihr nicht jedes Mal einen Orgasmus habt. Den Höhepunkt kann man nicht erzwingen. Diese Art von »Sport« sollte daher mit deinen ersten Erfahrungen nichts zu tun haben.

Nein heißt Nein!

WO BEGINNT EIGENTLICH GEWALT?

Eine Berührung kann wunderschön sein und dir Geborgenheit geben. Oder sie kann dich bedrohen und du ekelst dich davor. Denn es kommt darauf an, wer dich berührt und in welcher Situation.

Grenzüberschreitung – oder okay?

Sexuelle Belästigung fängt nicht erst mit einer Berührung an. Auch Anmachsprüche, Blicke und anzügliche Gesten können zu weit gehen. Eine einfache Antwort, wo sexuelle Belästigung beginnt, gibt es also nicht. Manche Mädchen finden es cool, wenn ein Fremder im Bus »Na, mein Schatz?« zu ihnen sagt. Doch andere sind genervt.

Entscheide selbst

Überlege, welche der geschilderten Situationen bei dir Unbehagen auslösen würden:

- In deiner Clique benutzt jemand oft Wörter wie »Möse«, »Fotze« oder »Bitch«.
- Du sitzt im Freibad auf der Wiese und merkst, dass dich ein Mann anstarrt.
- Ein Junge deiner Klasse, den du sehr nett findest, gibt dir beim gemeinsamen Volleyballspiel einen Klaps auf den Po.
- Dein Freund sagt nach drei Monaten Beziehung beleidigt: »Wenn du nicht mit mir schläfst, mache ich Schluss!«
- Du schreibst dir schon eine Weile mit jemandem aus einem Chatroom. Nun möchte er ein intimes Foto von dir.

Auf deine Gefühle ist Verlass

Deine Clique plant, abends Pornos zu gucken, doch dir geht das eindeutig zu weit? Wenn dich eine Situation verlegen macht, hab den Mut, es zu sagen. Schlucke ein mulmiges Gefühl nicht aus falscher Scham herunter. Du bist nicht prüde und zickig – in solchen Fällen hat immer der recht, der etwas nicht möchte.

Internet-Pornos

Pornos sind erst ab 18 Jahren erlaubt. Sie zeigen oft unfassbar brutale und perverse Szenen, denn sie werden fast immer von Männern produziert und bedienen deren Fantasien von »unterwürfigen« Frauen. Leider glauben Jungs, die so etwas gucken, manchmal, das sei die Realität. Aber solche Bilder haben nichts mit dem wirklichen Leben und der wirklichen Liebe zu tun. Lass dich von Pornos nicht unter Druck setzen. Lass dich nicht zwingen, etwas davon nachzumachen. Sag offen, was du widerlich findest!

Blogs und Chats

Im Internet kann man tolle Leute kennenlernen. Trotzdem solltest du vorsichtig sein. In anonymen Blogs und Chats tummeln sich neben netten Menschen gar nicht so wenige, die Übles im Schilde führen. Verrate deshalb so wenig wie möglich über dich: Keinen Nachnamen, keine Adresse, keine Telefonnummer. Auch Bilder sind tabu. Selbst wenn der Junge mit dem coolen »nickname« auf dem Foto im Chat noch so süß aussieht – du weißt nicht, wer wirklich dahintersteckt und dich im echten Leben mit sexuellen Aktionen belästigen könnte.

DU BIST NICHT HILFLOS

Dein Körper ist wertvoll und schützenswert. Pass gut auf ihn auf. Denn er gehört nur dir allein, und nur du hast das Recht zu entscheiden, was mit ihm passiert.

Warum soll ich mich schützen?

Für einige Jungen und Männer ist es nicht selbstverständlich, von Mädchen die Finger zu lassen, wenn sie nicht berührt werden wollen. Und natürlich ist es für dich schade, dass du deshalb vorsichtig sein musst, wenn du unterwegs bist. Aber es ist einfach klug, selbst das Risiko zu verringern, dass dir etwas passiert. Die Wohnung schließt du ja auch ab, um sie vor Einbruch zu schützen. Und beim Shopping verbirgst du dein Geld vor Dieben im Rucksack.

Behalte die Kontrolle

Hier berichten Mädchen, wie sie sich beim Ausgehen vor unschönen Erlebnissen schützen.

»Ich gehe immer mit meinen Freundinnen aus. Wir meiden gefährliche Spots und passen auch auf den Partys aufeinander auf. Mit wem hängen die anderen zum Beispiel so rum? Klar, dass wir auch wieder zusammen heimgehen.«

»Ich lasse mich nicht zu Drinks einladen. Mit Alkohol habe ich sowieso blöde Erfahrungen gemacht. Bei dem süßen Mixzeug merkt man nämlich nicht, wie viel man davon trinkt. Und plötzlich dreht sich alles …«

»Ich lasse meine Cola nie einfach so rumstehen. Sonst kippt mir vielleicht einer K.-o.-Tropfen rein. Bevor ich auf die Tanzfläche gehe, trinke ich immer ganz aus.«

»Ich höre gern Musik. Aber abends auf der Straße trage ich keine Kopfhörer. So kriege ich mit, was los ist und wer sich in meiner Nähe herumtreibt.«

Auch deine Eltern bieten dir Schutz

Wenn du unterwegs bist, solltest du deine Eltern unbedingt wissen lassen, wo du bist und wann du nach Hause kommen wirst. Daran solltest du dich unbedingt halten. So merken deine Eltern bei einer Verspätung sofort, dass etwas nicht stimmt. Oder du lässt dich, wenn möglich, abends von ihnen abholen. Den meisten Vätern ist das sowieso am liebsten. Solange du nicht 18 bist, dürfen deine Eltern übrigens bestimmen, wann du abends zu Hause sein musst.

Was dir noch helfen kann

- An einen kleinen Alarm für die Jackentasche kommst du jederzeit schnell heran. Wenn du ihn drückst, ertönt ein lauter schriller Ton. Er vertreibt die Täter und macht andere auf deine Notlage aufmerksam.
- Viele Vereine bieten für Mädchen Selbstverteidigungskurse an. Dort lernst du eine Menge guter Tricks, dich zu schützen, und gewinnst dadurch Selbstvertrauen.

FAKT

Pfefferspray schützt dich kaum. Versuche zeigen: Sogar Menschen, die wissen, dass sie gleich überfallen werden, schaffen es nicht, die Dose schnell genug einzusetzen. Zudem darf Pfefferspray nur in absoluter Notwehr verwendet werden. Sonst begehst du selbst gefährliche Körperverletzung.

Lass dir die Laune nicht verderben

Hast du das Gefühl, dass dich deine Angst vor kritischen Situationen als Mädchen einschränkt? Denk dran: Auch die meisten Jungs meiden dunkle Ecken, auch sie können Opfer von Gewalt werden. Im Leben muss jeder aufpassen. Wichtig ist nur, dass du dir davon die Laune nicht verderben lässt.

SEXUELLER MISSBRAUCH

Du freust dich, dass dein Lieblingsonkel zu Besuch kommt, und alberst mit ihm im Wohnzimmer herum. Dann zeigst du ihm die neuen Möbel in deinem Zimmer – und dort geschieht es: Dein Onkel zieht dich an sich und will dich küssen ...

Was ist sexueller Missbrauch?

Sexueller Missbrauch ist leider weit verbreitet. Und die Täter sind dabei selten Fremde. Sie kommen aus der Familie, dem Bekanntenkreis oder leiten im Verein Kurse für Kinder und Jugendliche. Die Handlungen reichen von der Aufforderung des Täters, sich vor ihm auszuziehen oder sein Glied anzufassen, bis hin zur brutalen Vergewaltigung.

Jede kann Opfer werden

Menschen, die so etwas tun, wirken nach außen fast immer normal. Gerade wenn du zu jemandem Vertrauen hast, merkst du gar nicht, welche Gefahr dir droht. Du verstehst dich zum Beispiel super mit deinem Schwimmtrainer. Er will dich fördern, bittet dich, für ein Sondertraining einmal länger als die anderen zu bleiben. Und dann folgt er dir in den Umkleideraum ...

TIPP

So kannst du dich wehren

Beim Missbrauch geht es nicht nur um Sex. Es geht auch immer um die Macht des Stärkeren. Darum ist es wichtig, dass du dem Täter sofort die Grenzen zeigst.

- Tritt ihm ihn in den Schritt! Stoße ihn weg! Lauf weg!
- Schreie laut: »Fassen Sie mich nicht an!« Verwende dabei kein »bitte«. Du bist im Recht, kein schwaches Opfer. Tritt selbstbewusst auf.

INFO

Das Sexualstrafrecht hat als Kern den Grundsatz: Nein heißt Nein. Ein Übergriff ist daher nicht erst strafbar, wenn du dich körperlich dagegen wehrst. Es genügt, wenn du deutlich sagst oder zeigst, dass du keine sexuellen Handlungen willst.

Du bist nicht schuld!

Das Gefühl, ausgeliefert zu sein, das du bei einem Missbrauch empfindest, ist für dich genauso schlimm wie der Missbrauch selbst. Für dich ist es darum wichtig zu verstehen, dass du keine Schuld hast. Du trägst auch nie eine Mitschuld. Den Übergriff begeht immer allein der Täter. Er hat kein Recht, dich zu bedrängen. Selbst wenn du »leichtsinnig« warst und es ihm »leicht gemacht« haben könntest. Genau auf dieses Schuldgefühl bauen Täter. Wenn du schweigst, weil du dich schämst, behält er die Macht über dich.

Der Täter in der Familie

Wenn Missbrauch in der Familie geschieht, fällt es nicht leicht, den Täter bloßzustellen. Vielleicht hast du Angst, dass man dir nicht glaubt, weil ihm die anderen »so was« nicht zutrauen. Oder du ahnst, dass sie die Übergriffe auf dich sogar weiter zulassen würden, um keinen Ärger mit der Polizei zu bekommen.

Wo finde ich Hilfe?

Wenn du nicht mit deinen Eltern sprechen kannst, wende dich ans Jugendamt. Vielleicht begleitet dich deine beste Freundin? Oder du wendest dich an den Vertrauenslehrer eurer Schule. Er informiert Beratungsstellen, die dir weiterhelfen.

Verhüten – damit »nichts passiert«

GEDANKEN VOR DEM ERSTEN MAL

Die erste Liebe kommt manchmal plötzlich – und damit auch der erste Geschlechts-verkehr. Manche Mädchen hoffen dann, dass auch ohne Verhütung »nichts passieren« wird. Oder dass ihr Freund »aufpasst«. Doch kluge Pärchen planen voraus ;-)

Verhütung geht euch beide an

Vor dem ersten Mal solltet ihr gemeinsam planen, wie ihr verhüten wollt. Dafür ist es wichtig, dass auch dein Freund weiß, zu welchen Zeiten du schwanger werden kannst.

Fruchtbare und unfruchtbare Zeiten

Dein Monatszyklus besteht aus mehreren Phasen (was dabei im Körper abläuft, kannst du auf Seite 24/25 nachlesen):

- In den ersten Tagen nach Beginn der Blutung kannst du normalerweise nicht schwanger werden.
- Ungefähr in der Mitte des Zyklus findet dann normalerweise der Eisprung statt – und damit beginnt deine eigene fruchtbare Zeit.
- Dann naht die nächste Periode und du bist normalerweise wieder unfruchtbar.

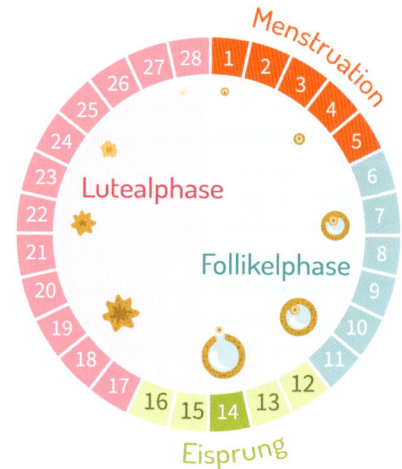

»Heute dürfen wir nicht!«

Die Samenzellen deines Freundes können nach dem Sex fast eine Woche lang in deinem Unterleib überleben. Also heißt es schon eine Woche vor dem Eisprung für euch: »Heute dürfen wir nicht!« Denn es könnte passieren, dass deine reife Eizelle gerade noch auf eine wartende Spermazelle trifft und befruchtet wird. Da eine Eizelle bis zu einem Tag lang lebt, bedeutet das: Du bist insgesamt etwa sieben Tage lang fruchtbar.

Die natürliche Verhütung ...

Frauen, die eine sehr regelmäßige Periode haben, können dies nutzen, um natürlich zu verhüten.

Wann der Eisprung genau stattgefunden hat, wird dabei durch das tägliche Messen der Körpertemperatur ermittelt: Ein bis zwei Tage nach dem Eisprung steigt diese bei den meisten Frauen um etwa 0,5 Grad Celsius an. Die sicher unfruchtbare Zeit beginnt am dritten Tag nach dem Anstieg der Temperatur. Diese Art der Verhütung hat, wenn sie funktioniert, einen großen Vorteil: Sie hat keine Nebenwirkungen.

... ist für Mädchen kompliziert

Natürliche Verhütung ist also eigentlich eine gute Sache. Doch für viele Mädchen ist sie noch zu kompliziert. Denn ...

- ... während der Pubertät funktioniert dein Zyklus selten schon wie ein Uhrwerk. Also weißt du kaum genau, wann es zum Eisprung kommt. Wenn dein Zyklus sehr kurz ist, kannst du sogar bereits während der Blutung schwanger werden!
- ... das tägliche Temperaturmessen erfordert sehr viel Disziplin. Es muss immer gleich morgens nach dem Aufwachen stattfinden und auch immer zur selben Uhrzeit. Außerdem kann deine Körpertemperatur auch durch Stress, eine Erkältung oder eine Party am Vorabend erhöht sein.

Doch selbst wenn du den genauen Zeitpunkt des Eisprungs wissen würdest: Gerade wenn ihr frisch verliebt seid, fällt es dir und deinem Freund schwer, sich in der fruchtbaren Phase nur mit Petting zu begnügen – und dann passiert es eben doch ...

VERHÜTUNG DURCH HORMONE

Der monatliche Zyklus wird durch Hormone gesteuert, die dein Körper selbst herstellt. Darum setzen viele Verhütungsmittel genau dort an: Sie führen dem Körper von außen künstlich erzeugte Hormone zu und übernehmen die Kontrolle.

So wirken die künstlichen Hormone

Die künstlichen Hormone Östrogen und Gestagen gelangen aus dem Verhütungsmittel zuerst ins Blut und dann ins Gehirn. Von dort aus blockieren vor allem die Gestagene den natürlichen Zyklus. In den meisten Mitteln sind die Hormone so dosiert, dass sie dem Körper vom ersten Tag an eine Schwangerschaft vortäuschen. Das Gehirn glaubt, der Eisprung sei schon vorbei – und regt keinen »neuen« Eisprung an. Zäher Schleim verschließt den Gebärmutterhals für die Spermien. Und die Schleimhaut der Gebärmutter verändert sich so, dass sie für eine befruchtete Eizelle »unbewohnbar« wird.

INFO

»Gestagene« sind weibliche Sexualhormone, die vor allem in der zweiten Hälfte des Zyklus von den Eierstöcken ausgeschüttet werden. Sie fördern in der Gebärmutter die Einnistung und das Wachstum einer befruchteten Eizelle. Das wichtigste Gestagen ist Progesteron.

Kann man trotzdem schwanger werden?

Wenn die Hormonmenge im Verhütungsmittel nicht hoch genug dosiert ist, wird der natürliche Zyklus nicht völlig unterdrückt. Dann kann man trotz der Anwendung schwanger werden.

Dein Frauenarzt berät dich gerne

Das Zuführen der künstlichen Hormone ist für den Körper keine Kleinigkeit: Er kann mit Nebenwirkungen reagieren. Aus diesem Grund sind hormonelle Verhütungsmittel verschreibungspflichtig. Bis zum 20. Geburtstag erhältst du sie auf Rezept kostenlos (über 18 Jahre fällt nur die Rezeptgebühr an).

Der Arzt erklärt dir gerne die Vor- und Nachteile der verschiedenen Verhütungsmethoden und welche für dich die verträglichste und sicherste ist. Das Beratungsgespräch muss dir nicht peinlich sein. Es gehört zur täglichen Arbeit des Arztes. Vielleicht kommt sogar dein Freund mit, weil auch er Fragen hat?

Das solltest du deinem Frauenarzt beantworten können:

1. Wann begann deine letzte Regelblutung?
2. Wie viele Tage dauert die Blutung bei dir normalerweise?
3. Blutest du dabei eher leicht oder stark?
4. Wie viele Tage dauert dein Monatszyklus?

Müssen es meine Eltern erfahren?

Vor deinem 14. Geburtstag darf dir der Frauenarzt Verhütungsmittel wie die »Pille« nur mit Zustimmung deiner Eltern verschreiben. Danach greift die Schweigepflicht – doch nur, wenn der Arzt das Gefühl hat, dass du nun selbst vernünftig genug bist, den Nutzen und die Gefahren des Medikamentes für dich abwägen zu können. Egal, worüber du dann mit dem Arzt sprichst, er darf es niemandem weitererzählen. Nicht einmal deinen Eltern.

DAS GIBT ES NUR AUF REZEPT

Hier findest du einige Infos zur bekanntesten hormonellen Verhütungsmethode für Mädchen: der »Antibabypille«.

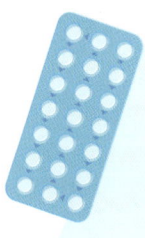

Die Kombipille

enthält die Hormone Östrogen und Gestagen.

Sie muss täglich eingenommen werden, um den monatlichen Zyklus genau steuern zu können. Nach 21 Tagen folgt eine Hormonpause von sieben Tagen (oft durch die Einnahme sieben »leerer« Tabletten). Dadurch setzt immer genau nach 28 Tagen die Monatsblutung ein.

- Vorteile: Die Kombipille ist ein sehr sicheres Verhütungsmittel. Weil weniger Gebärmutterschleimhaut gebildet wird, verläuft die Regelblutung häufig schwächer und weniger schmerzhaft. Und manche Präparate lassen Probleme mit Pickeln abklingen.
- Nachteile: Nebenwirkungen können Kopfschmerzen, Übelkeit, Spannungsgefühle in der Brust oder Gewichtszunahme sein. Zudem steigt das Risiko, einen Schlaganfall oder Brustkrebs zu bekommen – vor allem bei Raucherinnen.

Die Minipille

enthält nur das Hormon Gestagen.

Auch sie muss täglich eingenommen werden.

- Vorteil: Der Körper wird nur durch ein künstliches Hormon belastet, daher gibt es seltener Nebenwirkungen.
- Nachteile: Die Sicherheit der Verhütung ist geringer als bei der Kombipille. Es kann häufiger zu Zwischenblutungen und Schmierblutungen kommen. Vermutlich leidet auch das Knochenwachstum. Und weil das »weibliche« Östrogen fehlt, hast du vielleicht weniger Lust auf Sex.

Was ist, wenn ich die Pille mal vergesse?

Die tägliche Einnahme der Pille klappt am besten, wenn du sie mit einer anderen täglichen Routine verbindest, zum Beispiel mit dem Zähneputzen am Abend. Trotzdem kann es natürlich passieren, dass du sie einfach mal vergisst.

- Bei der Kombipille darf die normale Einnahmezeit bis zu 12 Stunden überschritten werden. Wenn du die Tablette sonst jeden Abend um 20 Uhr nimmst, kannst du die vergessene Einnahme also noch bis 8 Uhr am nächsten Morgen nachholen. Später ist die Verhütung nicht mehr gesichert, weil der Hormonspiegel nicht mehr hoch genug gehalten wurde.
- Die Minipille muss jeden Tag pünktlich zur gleichen Zeit eingenommen werden, damit sie überhaupt wirkt. Daher darf hier die normale Einnahmezeit nur um maximal drei Stunden überschritten werden. Also: normalerweise immer um 20 Uhr abends – dann ausnahmsweise noch bis 23 Uhr abends.

TIPP

Ist das sichere Zeitfenster verstrichen, muss dein Freund bis zur nächsten Periode unbedingt mit Kondomen verhüten!

Hormon-Spirale und Stäbchen

Nicht jeden Tag die Pille schlucken müssen – das wäre schön. Und vielleicht hast du sogar schon von der Spirale gehört, die in die Gebärmutter eingesetzt wird und dort einige Jahre bleibt. Oder vom Hormonstäbchen. Bei beiden Mitteln wirken die Hormone über die Haut. Für junge Mädchen sind sie aber kaum geeignet. Die Spirale löst im Unterleib zum Beispiel manchmal Entzündungen aus. Dadurch können die Eileiter verkleben, und es wird später schwierig, ein Kind zu bekommen.

KEINE CHANCE FÜR DAS SPERMA?

Viele Mädchen vertragen die »Pille« sehr gut. Andere haben damit große Probleme, oder sie lehnen künstliche Hormone für sich grundsätzlich ab. Für solche Fälle gibt es Verhütungsmittel, die auf andere Weise wirken: Sie lassen das Sperma beim Sex erst gar nicht in die Gebärmutter gelangen. Denn ohne Sperma keine Befruchtung.

Portiokappe und Diaphragma

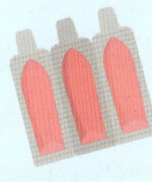

Die Portiokappe und das Diaphragma sind im Prinzip dünne, weiche »Deckel-chen«, die man tief in die Scheide einführt. Dort legen sie sich schützend vor die Öffnung zur Gebärmutter und hindern das Sperma am Weiterkommen. Beide Verfahren werden jungen Mädchen vom Arzt aber kaum empfohlen, denn die Anwendung kann ein bisschen schwierig sein. Es wird auch immer geraten, zusätzlich ein chemisches Verhütungsmittel zu benutzen.

Chemische Verhütungsmittel

Das bekannteste chemische Verhütungsmittel ist das Schaumzäpfchen. Es ist einfach anzuwenden. Mindestens zehn Minuten vor dem Geschlechtsverkehr führt man es tief in die Scheide ein, wo es am Eingang zur Gebärmutter eine Wand aus Schaum bildet. Die darin enthaltenen chemischen Stoffe töten ankommende Samenzellen. Falls du nur selten Sex hast, kommt diese Methode für dich vielleicht infrage. Sie ist aber nicht sehr zuverlässig, das solltest du bedenken. Außerdem können die chemischen Stoffe in der Scheide (und am Penis) jucken und brennen.

Kondome – auch Jungs übernehmen Verantwortung!

Wenn dein Freund ein Kondom verwendet, zeigt er dir, dass er selbst etwas zur Verhütung bei-
tragen möchte. Das Überstreifen der »Plastikhülle« über das steife Glied ist auch nicht schwierig
(oder ihr übt vor dem ersten Mal an einer Banane).

So verwendet ihr ein Kondom richtig:

- Verpackung vorsichtig öffnen
- Kondom mit nach außen gerolltem Rand aufs Glied setzen
- Spitze des Kondoms mit Daumen und Zeigefinger festhalten
- Kondom bis zum Ende abrollen
- Kondom beim Eindringen in die Scheide unten festhalten
- Das steife Glied sofort nach dem Samenerguss aus der Scheide ziehen, damit kein Sperma
  herausfließen kann
- Kondom dabei unten festhalten, damit es nicht hängen bleibt

Das ist wichtig

Beim Liebesspiel darf dein Freund nie zuerst ohne Kondom in dich eindringen, um euch
zu erregen. Schon dabei kann etwas Sperma aus dem Penis tropfen. Deshalb ist es auch
keine gute Idee, zur Verhütung einfach »aufpassen« zu wollen und kurz vor dem Samenerguss den Penis aus der Scheide zu ziehen (Coitus interruptus)!

Ein großer Nachteil – ein großer Vorteil

Kondome sind unsicherer als die Pille. Von 100 Pärchen, die damit ein Jahr lang
verhüten, werden doch immer einige schwanger. Aber Kondome haben auch
einen großen Vorteil. Sie können vor Krankheiten schützen, die beim Sex
übertragen werden.

GESCHLECHTSKRANKHEITEN? ICH DOCH NICHT!

Wenn man großes Pech hat, kann man sich, selbst wenn man mit Kondom verhütet, beim Sex üble Erreger einfangen. Manche verursachen ein lästiges Brennen oder Jucken im Genitalbereich – und andere können lebensbedrohlich sein.

Geißeltierchen, Bakterien und Pilze

Im feuchten Bereich von Scheide und Penis fühlen sich Krankheitserreger ausgesprochen wohl und warten bloß darauf, von einem Menschen zum anderen weiterwandern zu können.

- **Trichomonaden** sind winzige Geißeltierchen, die Entzündungen im Unterleib auslösen.
- **Bakterien** führen zu ernsten Erkrankungen wie Tripper (Gonorrhö), Syphilis oder Chlamydieninfektionen.
- **Pilze** befallen den Bereich der Schamlippen.

Wie merke ich, dass ich mich angesteckt habe?

Der leichte, farb- und geruchlose Ausfluss, den du als Mädchen immer hast, ist normal. Wenn er aber beginnt, unangenehm zu riechen, gelb oder grünlich wird oder »krümelig«, dann solltest du zum Frauenarzt gehen. Andere Warnsignale sind Schmerzen im Unterleib, Brennen beim Wasserlassen, quälendes Jucken oder kleine Bläschen und Geschwüre im Schambereich. Dahinter stecken oft Entzündungen der Scheide, der Eileiter und der Eierstöcke.

INFO

Die meisten Infektionen lassen sich gut heilen.
Ohne Medikamente können sie aber chronisch werden.
Dann verkleben vielleicht die Eileiter und du wirst unfruchtbar.

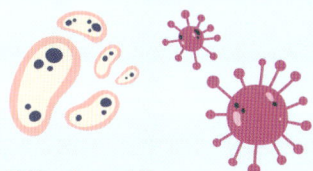

Bitterböse Viren

Krankheiten, die durch Viren ausgelöst werden, sind schwer zu behandeln. Oft bleibt der Erreger für immer im Körper.

Herpes an den Genitalien

Lästige »Herpes«-Bläschen an den Mundlippen kennst du wahrscheinlich. Herpesviren können aber auch Schamlippen und Penis befallen. Auch dort verkrusten die Bläschen nach ein paar Tagen. Doch es kommt immer wieder zu Rückfällen.

Virus-Hepatitis B

Hepatitis B ist sehr ansteckend. Es kommt zu einer Entzündung der Leber. Symptome sind Fieber, Bauchschmerzen oder Übelkeit, die Haut wird gelb (Gelbsucht), der Urin dunkel. Die Behandlung dauert lange und hat nicht immer Erfolg.

Humanes Papillom-Virus (HPV)

Dieses Virus verursacht unangenehme Genitalwarzen – doch vor allem kann es viele Jahre nach der Ansteckung Gebärmutterhalskrebs (beim Jungen Peniskrebs) auslösen.

Humanes Immunschwäche-Virus (HIV)

Das Virus verursacht die gefürchtete Krankheit AIDS. Sie schwächt die Abwehrkräfte des Körpers so sehr, dass Erkrankte ihr Leben lang Medikamente einnehmen müssen.

Gegen was kann ich mich impfen lassen?

Gegen Hepatitis B und das Humane Papillom-Virus gibt es zum Glück Impfungen. Sie werden für Mädchen und Jungen empfohlen. Weil Impfungen gelegentlich Nebenwirkungen haben können, musst du entscheiden, ob dir der sichere Schutz wichtiger ist als die Gefahr eines möglichen Impfschadens.

DAS WUNDER DES LEBENS

Es gibt keine Verhütungsmethode, die dir und deinem Freund absoluten Schutz vor einer Schwangerschaft bieten kann. Miteinander schlafen bedeutet für euch also, trotz aller Vorsicht, auch immer: Ihr könntet ein Kind zeugen.

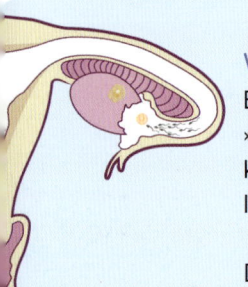

Was geschieht bei der Befruchtung?

Einmal im Monat löst sich von einem der Eierstöcke eine reife Eizelle und »springt« in den Eileiter. Ihr Leben dauert maximal einen Tag – und um in dieser kurzen Zeit von einer Samenzelle gefunden zu werden, verströmt sie sogar einen lockenden Duft.

Der schnellsten Samenzelle gelingt es dann, in die Eizelle einzudringen und mit ihr zu verschmelzen. Danach macht die Eizelle dicht und lässt keine zweite Samenzelle herein.

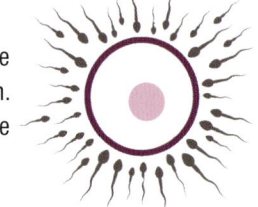

FAKT

In deinen Eierstöcken befinden sich von Geburt an mehrere Hunderttausend unreife Eizellen. In den rund 40 Jahren von der Geschlechtsreife bis zum Ende deiner Fruchtbarkeit verbrauchst du davon nicht einmal 500 Stück. Und nur wenige davon werden nach einer Paarung zum Kind.

Mädchen oder Junge?

Die Befruchtung ist der Startschuss für die Entstehung eines neuen Menschen. Schon bei der Verschmelzung wird festgelegt, ob es ein Junge oder ein Mädchen wird, und zwar durch die Erbanlagen, die der Mann weitergibt. Auch die Haarfarbe und Charaktereigenschaften stehen schon fest.

So geht es weiter

Nach der Befruchtung wandert die Eizelle durch den Eileiter zur Gebärmutter. Dort nistet sie sich schließlich in der Schleimhaut ein, die schon gut durchblutet auf sie gewartet hat.

Die Schwangerschaft wird in drei Abschnitte unterteilt.

- In den ersten drei Monaten werden die Organe ausgebildet. Das Herz beginnt zu schlagen. Augen, Ohren, Arme und Beine entstehen. In der 12. Woche ist das Ungeborene dann etwa fünf Zentimeter groß.
- Vom vierten bis sechsten Monat entwickeln sich die Organe weiter. Das Ungeborene schwimmt im Fruchtwasser und ist über die Nabelschnur mit der Mutter verbunden. Egal, was sie isst, trinkt oder einatmet, das Kind bekommt davon etwas ab.
- Im letzten Abschnitt der Schwangerschaft braucht das Ungeborene nur noch zu wachsen und zuzunehmen. Im Bauch wird es immer enger. Die Geburt naht.

1. Monat	3. Monat	6. Monat	7. Monat	9. Monat
		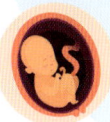	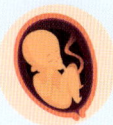	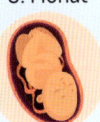

INFO

In den ersten Wochen nennt man das ungeborene Kind Embryo. Vom vierten Monat an spricht man dann vom Fetus. Von der Befruchtung der Eizelle bis zur Geburt vergehen ungefähr 267 Tage. Das sind neun Monate.

Ab wann sieht man den Bauch?

In den ersten drei Monaten ist die Schwangerschaft von außen noch nicht zu erkennen. Dann wölbt sich der Bauch allmählich und wird ab dem fünften Monat für andere sichtbar. Wann es genau so weit ist, hängt auch von der Figur der werdenden Mutter ab.

BIN ICH SCHWANGER?

Eine Panne bei der Verhütung ist schnell passiert. Das Kondom kann platzen. Du hast dich beim Berechnen deiner unfruchtbaren Tage geirrt. Oder du hattest leichten Durchfall und weißt nicht, ob die Antibabypille in diesem Zyklus noch sicher wirkt. Dann ist plötzlich dieses mulmige Gefühl da: Bin ich vielleicht schwanger?

Die »Pille danach«

Die Pille danach ist eine sehr hoch dosierte Hormontablette. Sie muss innerhalb der ersten Tage nach dem ungeschützten Geschlechtsverkehr eingenommen werden. Je früher, desto besser, jede Stunde zählt. Denn die Hormone der Pille versuchen, einen Eisprung zu verhindern oder zu verzögern. Wenn es vor der Einnahme aber schon zur Befruchtung und Einnistung einer Eizelle gekommen ist, wirkt die Pille danach nicht mehr. Sie beendet keine bestehende Schwangerschaft.

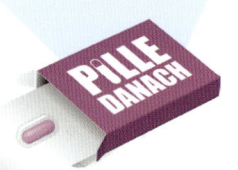

INFO

Die Pille danach greift sehr stark in den Hormonhaushalt ein und wurde nur für den absoluten Notfall entwickelt. Sie darf nie regelmäßige Verhütungsmethode sein!

Wo bekommt man die Pille danach?

Die Pille danach ist rezeptfrei in vielen Apotheken erhältlich. Sie kostet, je nach enthaltenem Wirkstoff, zwischen 20 Euro (in den ersten drei Tagen wirksam) und 35 Euro (in den ersten fünf Tagen wirksam). Falls die Verhütungspanne am Wochenende passiert: Warte nicht bis Montag, nutze den Notdienst! Während der Woche kannst du dir die Pille danach vom Arzt verschreiben lassen. Wenn du unter 20 bist, bekommst du sie, wie die normale Pille auch, mit Rezept kostenlos. Lies den Beipackzettel genau durch, er enthält wichtige Infos!

Wie merke ich, ob ich schwanger bin?

Das deutlichste Zeichen ist das Ausbleiben deiner Regel. Sie kann sich aber natürlich auch ohne Schwangerschaft verspäten – oder sogar ganz ausbleiben. Zum Beispiel, weil deine Periode sowieso noch sehr unregelmäßig kommt. Oder weil du Stress hast. Oder weil du stark hungerst, um schlank zu sein, und dein Körper nicht mehr genug Energiereserven für den Zyklus hat.

Andere typische Signale für eine Schwangerschaft sind:

- plötzliche Übelkeit, vor allem am Morgen
- berührungsempfindliche, spannende Brüste
- ungewöhnlich starke Müdigkeit
- Appetitlosigkeit oder Heißhungerattacken
- Ekelgefühle vor bestimmten Nahrungsmitteln

Eine sichere Sache: der Schwangerschaftstest

Wenn du Sorge hast, schwanger zu sein, solltest du dich nicht lange mit der Ungewissheit quälen. In Apotheken und Drogeriemärkten bekommst du für wenig Geld einen Schwangerschaftstest. Die Anwendung ist einfach und wird auf der Packung gut beschrieben. Alle Präparate funktionieren dabei gleich: Sie weisen im Urin das Hormon HCG nach (Humanes **C**horiong**o**nadotropin), das nur während einer Schwangerschaft im Körper gebildet wird. Das Ergebnis erhältst du schnell und zuverlässig. »Positiv« heißt: Du bist schwanger!

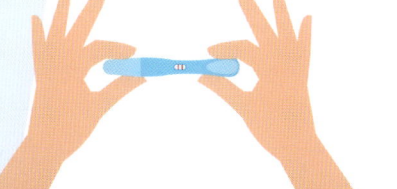

SCHWANGER. UND JETZT?

Ein positiver Schwangerschaftstest ist für jedes junge Mädchen ein ziemlicher Schock. Und vielleicht würdest du am liebsten alles ungeschehen machen. Doch egal, ob du das Kind bekommen möchtest oder nicht: Erst einmal ist es wichtig, dass du gemeinsam mit Erwachsenen überlegst, wie es weitergehen könnte.

Hol dir Unterstützung!

Auch wenn es schwerfällt, weil du dich schämst, solltest du so schnell wie möglich deine Eltern einweihen. Denn du selbst bist noch nicht erfahren genug, um ohne Hilfe auszukommen. Oder vertraust du dich zuerst lieber einem älteren Geschwister an? Oder Oma und Opa? Oder einer Tante? Sie alle können als Vermittler einspringen, wenn du Angst davor hast, es deinen Eltern alleine zu »beichten«. Auf jeden Fall tut es dir gut, über die Schwangerschaft zu sprechen und das Geheimnis nicht mehr länger hüten zu müssen.

Wie werden meine Eltern reagieren?

Die wenigsten Eltern sind glücklich, wenn ihre minderjährige Tochter »plötzlich« schwanger ist. Sobald sie die Nachricht verdaut haben, stehen aber fast alle ihren Töchtern zur Seite und unterstützen sie. Das hat die Erfahrung vieler ungewollt schwangerer Mädchen gezeigt. Was deine Eltern für dich regeln werden, hängt auch von deinem Alter ab. Unter 14 Jahren bist du vor dem Gesetz ein Kind und darfst selbst noch keine wichtigen rechtlichen Entscheidungen treffen.

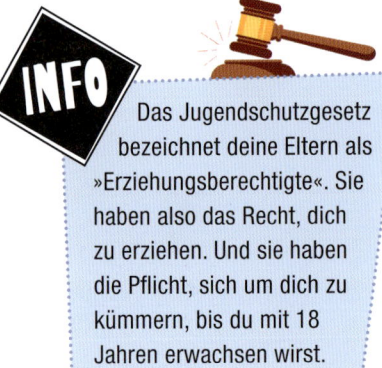

INFO

Das Jugendschutzgesetz bezeichnet deine Eltern als »Erziehungsberechtigte«. Sie haben also das Recht, dich zu erziehen. Und sie haben die Pflicht, sich um dich zu kümmern, bis du mit 18 Jahren erwachsen wirst.

Frauenarzt und Beratungsstellen

Nach einem positiven Schwangerschaftstest solltest du unbedingt bald zum Frauenarzt gehen. Er stellt die genaue Schwangerschaftswoche fest. In der Praxis bekommst du auch Adressen von Beratungsstellen, wo man mit dir und deinen Eltern überlegt, wie deine Zukunft aussehen könnte. Vielleicht betreuen deine Eltern oder Großeltern das Baby, damit du die Schule oder deine Ausbildung in Ruhe fertig machen kannst?

Und der werdende Vater?

Falls das Kind nicht bei einem One-Night-Stand gezeugt wurde, hast du vermutlich einen netten Freund, mit dem du schon einige Zeit zusammen bist. Und vielleicht habt ihr sogar schon von eurer gemeinsamen Zukunft geträumt. Trotzdem werden die nächsten Monate für euch nicht leicht – sondern werden zeigen, wie stark eure Liebe ist und ob ihr gemeinsam die Verantwortung für das Kind übernehmen wollt und könnt.

FAKT

Natürlich möchtest du jetzt am liebsten von deinem Freund einfach in starke Arme genommen werden. Doch deine Schwangerschaft bedeutet auch für ihn eine gewaltige, ungewollte Veränderung. Auch er ist damit alleine überfordert und braucht jetzt die Hilfe seiner Familie.

EINE SCHWIERIGE ENTSCHEIDUNG

Ungewollt schwanger? Dann liegt bald das Wort »Abtreibung« in der Luft. Denn natürlich würde das Kind die Zukunft völlig durcheinanderwirbeln. Doch ein Schwangerschaftsabbruch ist keine Kleinigkeit. Es geht dabei immer um ein Menschenleben.

Verzweifelte Situation

Es gibt Mädchen, die völlig verzweifelt sind, weil sie keinem Menschen von ihrer Schwangerschaft zu erzählen wagen.

- Zum Beispiel, weil die Familie stark religiös geprägt lebt und eine Schwangerschaft als Schande und Beschmutzung der Familienehre empfinden würde.
- Oder weil die Beziehung zum werdenden Vater nur locker ist, sodass er als Partner nicht infrage kommt – und am besten gar nichts von der Schwangerschaft erfahren soll.

Die anonyme Beratung hilft

Eine große Hilfe sind die staatlichen Stellen der Schwangerenberatung. Ihre Adressen sind im Internet leicht zu finden. Die Beratung ist immer kostenlos und, wenn man möchte, anonym, Name und Adresse interessieren also nicht. Außerdem unterliegen die Berater der Schweigepflicht. Sie versuchen, die Situation richtig einzuschätzen, informieren über finanzielle Hilfen, unterstützen bei der Suche nach einer eigenen Wohnung und einer Betreuungsmöglichkeit für das erwartete Kind. Oder sie helfen bei Problemen am Ausbildungsplatz. Die Berater klären auch über die rechtliche Lage und die Methoden eines Schwangerschaftsabbruchs auf.